大师经典

企业文化

企业生活中的礼仪与仪式

CORPORATE CULTURES

The Rites and Rituals of Corporate Life

迪尔作品

［美］特伦斯·迪尔（Terrence E. Deal）［美］艾伦·肯尼迪（Allan A. Kennedy）◎著

李　原　孙健敏◎译

珍藏版

中国人民大学出版社

·北京·

译者序

特伦斯·迪尔和艾伦·肯尼迪合著的《企业文化——企业生活中的礼仪与仪式》一书堪称企业文化研究的奠基之作。一般来说，我们认为20世纪80年代先后出版的四部著作——《Z理论——美国企业界怎样迎接日本的挑战》（威廉·大内著）、《日本的管理艺术》（帕斯卡、阿索斯合著）、《追求卓越——美国管理最佳公司的经验》（彼得斯、沃特曼合著）以及本书，宣告了企业文化研究的兴起。这些研究的一个共同观点是："强有力的文化是企业取得成功的新的'金科玉律'。"

本书完成于1982年，30多年后的今天，企业文化这个主题已经从"丑小鸭"变成了"白天鹅"，乃至被人们称为企业管理的"文化学派"。随着企业文化概念的普及，各类组织越来越意识到其对经营管理的重要作用。因此，不仅学术界的研究成果层出不穷，实践领域的经验总结也使人耳熟能详，诸如休利特和帕卡德创立的"惠普之道"、韦尔奇在通用电气进行的"文化革命"、戴尔公司以客户为中心的企业文化、沃尔玛的营销文化等。我国也有越来越多的企业认识到文化的重要作用，在实践中不断探索企业文化建设的有效途径，并取得了令人欣喜的成效，例如联想的创新文化、华为的"狼文化"……

然而，企业文化在公司内部能否真的深入人心，起到应有的作用，我们还需要拭目以待。如何使企业文化不流于形式，不沦落成"昙花一现”的流行术语，还需要我们做很多深入细致的科学研究。译者在企业做调研和咨询的经历证明，国内很多公司对企业文化的理解还停留在相当粗浅的水平上，尚未真正理解企业文化的根本作用。一次，译者与一位公司负责人聊天，该负责人主动谈到公司核心价值观的重要性。当被问及其所在公司的核心价值观是什么时，他回答说：“都写在我们企业文化大纲里了。”“那具体是什么内容呢?”他沉思片刻说：“一时还真说不上来。”

这也是译者不辞辛苦地翻译这部经典著作的原因：希望为企业文化的研究者和实践者提供一个参考的典范。虽然本书属于管理学的学术著作，但贯穿全书的都是一些生动亲切、妙趣横生、引人入胜的趣闻轶事。信手翻阅，你会看到宝洁标识的来历、基辛格对下属独特的教训方式、小托马斯·沃森那个“野鸭与鸭子”故事的始末，诸如此类的故事比比皆是。两位管理学大师以轻松的笔调、讲故事的方式、娓娓道来的风格，通过一个个生动且耐人寻味的企业经营管理的故事，为我们展示和剖析了企业文化的深刻内涵和对企业绩效的巨大作用。相信我国读者会从异域文化的“企业文化”经典论述中找到启发和灵感。

翻译大师的作品无疑是一种享受。在翻译的过程中，我们常常觉得自己置身于与大师的对话当中，乐此不疲，虽苦而不觉。同时，翻译经典著作也是一种挑战。大师博学多才、视野开阔、引经据典，而译者才疏学浅，翻译不当之处在所难免，敬请各位读者不吝赐教。

感谢老朋友于波对我们的信任、支持和包容，把这一艰巨的任务交给我们。感谢责任编辑的辛勤劳动。参与本书初稿翻译的还有李刚、罗红艳、孙建丽等，在此一并致谢。

李　原　孙健敏

序言

20 世纪 80 年代初，两位背景不同的学者（迪尔在教育领域，肯尼迪在商业领域）联手，针对什么能真正激励组织完成工作这一问题，进行了研究和思考。那时候，我们只是在搬动一根很细的小木头。传统观念把结构和战略作为组织的推动力，认为企业完全是一个理性的创业实体。我们通过观察却得出另外一个结论。我们认为，如同远古时代的部落一样，根深蒂固的传统和广为接纳与共享的信念支配着当代的企业组织。我们把这些传统和信念称为“企业文化”。

那时我们并不知道自己无意中发现了一个生活中的普遍性真理：人是具有社会性的动物。人们总是，并希望未来也同样生活在一起并赋予生活意义和目标。在企业界，无论是高层管理者、普通管理者，还是员工，他们首先都是人。所以，他们希望自己的工作有价值，他们希望与他人建立有机的联系，他们也相信自己的努力有意义并能创造出不同。

20 年前，我们给读者提供了一个框架，用于理解那些久经时间考验的文化。我们认为，共享价值观很重要。企业中的英雄人物提供了一个有形的、他人可以效仿的榜样。是仪式，而不是职能会议或者基于理性的争论，把人们更深地联系起来。定期的庆典活动灌输了一种神圣的精神，令人们记住他们共同的价值观和目标。故事承载着价值观，经过人们一遍又一遍的讲述，形成了一种社会性胶水，把人们与那些真正重要的东西联系起来。由牧师、小道消息传播者、说书人、谍报人员和耳边私语者构成的文化网络通过不懈的非正式努力，维系着组织的完整，让组织在正轨上运行。即使在今天，这些组织生活中重要的人为因素，与我们近 20 年前写作本书时一样，仍然是强有力的。

在写作《企业文化》一书时，无论怎样设想，我们也想不到当今企业文化能变成一个显而易见的管理事实。今天，出版社出版了大量关于企业文化的书籍。试图进行企业并购的优秀管理者会习惯性地思考文化的匹配性，并把它作为进行决策的重要参考指标。企业的主要变革能否成功，取决于领导层能否很好地抓住易被忽视的各种细节，并把它们综合起来放在变革的战略中。所有的当代管理者都被期望理解这些概念，并在日常管理工作中实践它们。而 20 年前谁会这样想呢?!

我们和其他人在 1982 年无意间发现了这个普遍性真理。我们并不具有预见性，不能早一百年预料到事情的变化。所有的人一样是人类，荒诞地既相信理性又相信灵性，一样希望自己的工作生活有意义，一样希望自己属于一个凝聚力强的群体，一样希望自己除了挣钱之外还能够与众不同。

1982 年，我们让大家相信，一个价值驱动的企业由于共享价值观而维系了组织的团结，将会在业绩上战胜自己的竞争对手——如果其主流文化与企业环境的当前要求相匹配。从那时起，不断积累起来的证据表明，我们的思考并不太离谱。诸如科特（Kotter）与海斯克特（Heskett）、科林斯（Collins）与波拉斯（Porras）这些作者也表明，不断得到修正的企业文化会随着时间的推移而带来更大的好处。

让我们再回过头来看看 1982 年作为我们例证的那些公司：一些公司

经历着繁荣，一些公司则举步维艰或一蹶不振。然而，无论是持久的成功还是突然间的失败，都折射出这样一个定律：文化的凝聚力在经济成败上起着相当重要的作用。当文化能够满足环境的要求时，一切皆大欢喜。当环境在变化但过时的行为方式仍“固执己见”时，组织必然失败。

似乎同样明显的是，开明的领导能够在情况出现滑坡时迅速扭转局面。这方面的证据有：在戈登·贝休恩（Gordon Bethune）的率领下大陆航空公司（Continental Airlines）的复生，惠普公司把权力交给新首席执行官卡莉·菲奥琳娜（Carly Fiorina）后创新的复苏。

我们致力于捕捉并阐释现代组织中更深层次的象征性的内部运作方式，这些努力已经改变了很多人思考人类经验的方式。我们希望这本写于 30 多年前的书依然有助于管理者和领导者在 21 世纪看到工作生活中的局限性和可能性。在理性的外表下潜伏着的是人类精神的本质，外在技术或主观意愿都不可能彻底改变它。进入文化领域的人们得到了快乐和利益，而忽视它则意味着有混乱和危机的风险。

通过阅读这本经典的《企业文化》一书，希望你能获得一些陈年酿就的远见卓识。要想了解我们在这一主题上的新思考，可以再看看同样由我们两个人共同完成的《新企业文化》（*The New Corporate Cultures*）一书。无疑我们都更老了，不过也可能是更睿智了。我们深深沉迷于这个刚刚萌芽的思想，它已经存在了一段时间并且依然生机盎然。本书让读者重温了那些历经时间考验的思想，我们相信即使面对未来的艰难险阻，它们也同样适用。

特伦斯·迪尔　艾伦·肯尼迪

目录

01

第一部分

企业文化的要素

第1章

强文化的力量

NCR公司（National Cash Register）前董事会主席阿林（S. C. Allyn）很喜欢和别人谈起发生在自己公司里的这样一个故事。那是在1945年8月，阿林作为盟军方面战后进入德国的首批民间人士，前去了解该公司战前设在当地的一家工厂的状况。这家工厂在战前刚刚建成，不过很快就被德军下令充公，并服务于战争。阿林乘坐军用飞机来到这里，然后需要步行穿过一大片残垣断壁才能到达工厂。就在阿林在废墟中艰难行进时，意外地遇到了两个已经6年未曾谋面的NCR员工。他们衣衫破旧，满面灰尘，正忙着清理残砖碎瓦。当阿林走近他们时，其中一个人抬起头来对他说："我们就知道你会来的！"阿林加入了他们的行列，三个人一起开始清理废墟，重建被战火摧毁的工厂。NCR公司就是这样在世界大战的炮火中生存下来的。

几天后，当他们还在清理现场时，吃惊地看到一辆美军坦克径直开进了工地。一个美国士兵手握方向盘，冲他们咧嘴笑道："你们好！我是奥马哈，NCR 的员工，你们几位这个月的定额完成了吗?”阿林走上前和那个美国士兵紧紧拥抱。战火可以摧毁周围的一切，但 NCR 公司勤奋、开拓、强调销售的文化却完整地保留下来。

这个故事听起来好像不那么可信，但在 NCR 公司里流传着上百个这样的故事，其他公司也是如此。它们共同谱写了美国企业界的神话。这些故事说明了什么？我们认为它们意味着，企业是人的机构，而不是豪华建筑、财务利润、战略分析或五年规划。对于这三个把 NCR 公司从废墟里挖出来的人来说，NCR 公司绝不仅仅是一家工厂。其他人也会有着同样的想法。确切地说，它是一个有生命的组织。一个公司真正存在于员工的头脑与心灵之中。NCR 公司过去具有，而且现在仍然具有一种企业文化，它是价值信念、传奇神话、英雄人物和象征标志的集合体，这一切对公司里工作的人们来说意义深远。

根据《韦氏新大学词典》（*Webster's New Collegiate Dictionary*）的定义，文化指的是一种“包括思想、言谈、行动和人造物品的人类行为的综合形式，并依赖于人们的学习和传递知识的能力向后代传递”。马文·鲍尔（Marvin Bower）长期担任麦肯锡公司的总经理，也是《管理的意志》（*The Will to Manage*）一书的作者，他提出了一个更通俗的定义，即把企业中非正式的文化因素描述为“我们做事的方式”。

每个企业（实际上应该说是每个组织）都有自己的文化。在有些组织中，它显得支离破碎，局外人很难理解。比如，同一个组织中有些人忠于自己的上级，另一些人则忠于工会，还有一些人仅仅关心他们同在东北销售区域工作的同事。如果你问他们为什么而工作，他们会回答“因为我们需要钱”。还有一些组织的文化强有力并且富有凝聚力，每个人都知道组织的目标，并为这些目标而努力工作。无论组织文化的力量强弱，它都会对整个组织产生深刻的影响，它影响着企业实践中的每一件事：从提拔什么样的人到作出什么样的决策，从员工上班的着装到他们所热衷的运动。正是由于这种影响，我们认为文化对于企业的成功起着重要作用。

今天，似乎每个人都在抱怨美国人的生产效率在下降，各行各业出现的问题和麻烦比比皆是，令人沮丧。不少书中指出，日本的管理实践是解决美国产业状况欠佳的可行性方案。但我们的看法并不是这样。我们不认为答案是要照搬照抄日本的模式，也不同意解决问题必须依靠“科学”的管理工具，比如 MBA 所做的分析、投资组合理论、成本曲线或者计量经济模型。相反，我们认为答案是将美国人看成是具有美国特色的人。美国企业应该回到创建 NCR、通用电气、IBM、宝洁、3M 以及其他大型企业时的最初理念和设想上。我们应该牢记：是人在推动着企业的发展；同时，我们还需要重温一些过去的故事——文化是怎样把人们凝聚在一起，并使他们的日常生活充满意义的。

美国企业界的早期领袖，例如 IBM 公司的托马斯·沃森（Thomas Watson）、宝洁公司的哈利·普罗克特（Harley Procter）、强生公司的约翰逊（General Johnson），都坚信强文化会带来企业的成功。他们相信，员工的生活和生产效率会随着他们的工作环境的改变而改变。这些创业者认为自己的作用是，要在企业中缔造一种环境（实际上就是文化）。员工们在这种环境下，会有安全感，从而会作出必要的努力，促使企业走向最终的成功。他们并没有任何魔法配方，而是在不断试错的过程中，逐渐塑造自己企业的文化的。但自始至终，他们都对企业文化表现出一种执着而狂热的关注。这些早期领袖人物的教诲通过企业中一代又一代的经理人传承下来。他们悉心建立和培育的文化，无论是在经济萧条时期还是在经济繁荣时期，始终支撑着企业的发展。今天，这些企业仍然保持着强有力的文化，并在市场竞争中居于领先地位。

我们认为，企业中的任何人都能从这些事例中受益良多。另外，日本人之所以如此成功，主要原因也在于他们能够持久地在全国范围内维系很有凝聚力的强大文化，不仅每个企业都拥有强大的文化，企业、银行和政府之间的联系也具有文化特色，而且这种文化联系是强有力的。整个日本实际上就是企业文化在国家范围内的进一步扩展。虽然这种在国家范畴内价值观的同质化与美国的文化并不一样，但我们的确认为对单个企业来说，文化是十分有效的。事实上，强大的企业文化几乎总是那些持续成功的美国企业的幕后驱动力。

上述结论来自我们的工作和研究结果（肯尼迪在麦肯锡公司工作，迪尔在哈佛大学教育学研究生院任教）。这个想法的形成受到了很多因素的影响。其一是在斯坦福大学的一次会议上，一批社会学家对这样一个问题困惑不解：组织理论中认为应该相互关联的一些变量之间为什么在实际中却缺少这种相互联系性？如果组织结构不能控制工作活动，那它的作用是什么呢？这些问题引出了新的理论和观点：组织的结构和战略可能更具有象征意义，而不是实质性作用。其二是在麦肯锡公司的一次会议上，当我们讨论组织中的一些问题时，有人问道："哪些因素促使杰出的企业持续成功呢？"另一个人提出假设，长期业绩卓越的公司是那些有着某种信念的公司，例如"IBM 意味着服务"。其他人也插话表示赞同。很快，桌面上就摆满了这样的例子：

- 通用电气公司：发展与进步是我们最重要的产品。
- 杜邦公司：通过化学使美好的生活变得更加美好。
- 丘博保险集团（Chubb Insurance）：在保险业中出类拔萃。

当我们把企业成功的原因集中在这些标语式的最高信仰（我们称之为“超级目标”）上时，我们同时惊叹于这些公司在市场上取得的骄人业绩。

这些证据第一次支持了这个有点不同寻常的假设。受它的启发和吸引，在随后的几个月里，我们进行了一项非正式调查。我们访问了麦肯锡公司的咨询顾问，从他们掌握的第一手资料里了解公司或组织[①]的情况，我们的问题如下：

- 某公司是否有一个或多个生动鲜明的价值信念？
- 如果有，它们是什么？
- 组织成员知道这些信念吗？如果有人知道，他们是谁？有多少人知道？
- 这些信念是如何影响公司的日常活动的？
- 这些信念是如何在组织中传递的？
- 这些信念是否通过正式的程序、表彰和奖励而得到强化？

在 6 个多月里，我们总共了解了近 80 家公司。我们的发现可以概括如下：

- 在调查的所有公司里，只有大约 1/3 的公司（准确地说是 25 家）有着清晰明确的价值信念。
- 令人惊奇的是，在这 1/3 的公司中，2/3 有着抽象的价值信念，例如，“IBM 意味着服务”；另外 1/3 则有着被人们广为理解的财务取向的目标。
- 无一例外，18 家有抽象价值信念的公司都是成功者。而在其他公

① 我们在调查中既包括一些营利性公司，也包括一些我们特别感兴趣的非营利组织。为了简便起见，我们在本书中把它们统称为“公司”。

司中，我们找不到任何的相关性——有的公司还算不错，有的则很差，大多数公司时好时坏。我们把这些一贯有着出色表现的公司定义为强文化公司。①

我们曾经设想过这些强文化公司应该有某种与众不同的地方，现在，我们看到了。虽然我们的研究还远远称不上是科学的，但确实有证据表明，价值信念对公司业绩的确有影响。在此之后，我们决定继续寻宝，试图了解这些价值观是如何确立，又是如何在公司范围内传播的。我们想知道，是什么原因使得美国的大公司不仅是一个组织，而且是一个成功的人类社团。

我们意外地找到了存有证据的宝库。通过对一些企业传奇人物的传记、演讲稿及文稿的分析可以看出，他们从直觉上对于强文化在公司活动中的重要性有着惊人的认同。这些人包括：IBM 的托马斯·沃森、NCR 公司的创始人约翰·帕特森（John Patterson），通用汽车公司的威尔·杜兰特（Will Durant）、凯洛格公司（Kellogg's）的威廉·凯洛格（William Kellogg），以及其他许多人。

我们阅读了埃德温·兰德（Edwin Land）的故事，他成功地使宝丽来公司成为一家拥有 10 亿美元资产的公司（在它失去控制并陷入困境之前），并提出了有关宝丽来企业文化的一整套理论。借鉴乌托邦理论，他把自己的理论称为半乌托邦理论（Semi-Topia）。我们还了解了艾尔弗雷德·斯隆（Alfred Sloan），这位管理者把通用汽车公司打造得

① 包括卡特彼勒公司（Caterpillar）、通用电气公司、杜邦公司、丘博保险集团、普华永道公司、3M 公司、杰斐逊-史墨菲特集团（Jefferson-Smurfit）、英国政府培训服务管理局、数字设备公司、IBM 公司、丹纳公司（Dana）、宝洁公司、惠普公司、李奥贝纳广告公司（Leo Burnett Advertising Agency）、强生公司、坦德姆公司（Tandem Computer）、大陆银行（Continental Bank）和劳斯公司（Rouse）。

坚如磐石，他每个季度要花三天的时间，逐一审阅 1 000 名高级管理人员的职务升迁情况。查尔斯·斯坦梅茨（Charles Steinmetz），这个有着奥地利血统的跛脚小矮个子，在通用电气公司任职时把交流电带进世界电气系统。同样也是他，收留了他的实验室助手及其全家。许许多多的这类事例使我们得出了一个不容置疑的结论：是这些人建立的公司使美国声名远扬，而且这些人都着迷般地在自己的公司里建立强文化。

我们在研究和咨询工作中还发现，许多在波士顿 128 号公路和加利福尼亚州硅谷新崛起的令人振奋的高新技术企业也着迷于文化的建立。下面来看看坦德姆公司的例子。

感知企业文化

坦德姆是硅谷一家颇有名气的公司，该公司总经理尤其注重管理企业中有关人的“非正式”的方面。坦德姆公司由 4 名原惠普员工共同创建，最初目标是要解决电脑经常出故障这一简单问题，最后发展成为一家十分成功的公司。它的每台主机均由两台电脑组成，从而向顾客保证始终能有一台机器在运转。如果一台电脑发生故障，另一台则会接替着工作。

“坦德姆公司强调的是人和物可以融为一体这个道理。这里的一切都在一起共同工作，人与人、产品与产品，甚至电脑与电脑也是如此。一切都在通力合作，为我们赢得并保持了现有的地位。”这些话并非出自坦德姆公司 CEO 吉姆·特雷比格（Jim Treybig）之口，而是出自一位普通管理者之口，而且各级员工都有同感。

> 我总想在工作中花更多的时间。这里有真正的忠诚，我们都在这种忠诚的氛围下共同工作，在工作过程中共同努力。我并不是个工作狂，但这里是我喜欢的地方。
>
> 我不希望世界上有任何东西会危害到坦德姆公司，我离开原来的公司时并没有依依不舍的感觉，但我对坦德姆的感情截然不同。

这些员工似乎是在谈论一个仅存在于理想中的公司，一个大多数管理者愿意竭尽全力去工作的公司。以绝大多数标准来衡量，坦德姆公司都可以算是非常成功的。它以每季度 25％的速度增长，年收入超过 1 亿美元，而员工流动率仅是全美电脑行业平均水平的 1/4。坦德姆公司的员工都很忠诚，非常喜爱自己的工作和公司的产品，而领导他们的是一批聪明能干且富有经验的管理者，一直以来这些人能够带领公司以惊人的速度向前发展。

也许只有时间才能告诉我们坦德姆公司能否继续保持这种高绩效的经营模式。虽然人们很容易把这家公司的成功归因于电脑产业迅速发展以及行业竞争并不激烈，但是坦德姆公司的一些内部运作给出了另一个相当有趣和有力的解释：坦德姆公司的强文化是它取得成功的源泉。我们来看看它是如何做到这一点的。

被广泛认同的经营理念

坦德姆公司是在一整套井然有序的管理理念和管理实践的基础上建立起来的。公司的经营理念强调人的重要性，“坦德姆最重要的资源是：企业成员、创造活动和工作乐趣”。这一理念得到了广泛认同，并被具体化为众人皆知并坚信的口号。

这里非常出色，让我们加倍努力。

坦德姆，合二为一。

无论如何，都要把工作完成。

坦德姆精神，就是要使其运转起来。

这些口号被印在 T 恤衫上，贴在公告栏中，并通过人们的口口相传广为传播。

高级管理层要花将近一半的时间来培训和沟通公司的经营理念和企业精神。现在他们正在着手把这种经营理念汇编成册，供未来的新员工使用。一位高层管理人员指出："这一经营理念就是我们的未来。"

它主要讲的是挑选什么样的员工和培养什么样的管理者，以及怎样挑选和培养。即使这里的一切都发生了变化，我也不希望我们信仰和追求的东西有所改变。

在坦德姆公司，管理理念不是事成之后的总结与思考，而是事先就植根于人们头脑中的原则。

员工被重视

坦德姆公司没有正式的组织结构图，正式的规章制度也很少，会议和备忘录更是几乎不存在。员工的工作责任和工作时间相当灵活，没有胸卡，也不专门为某些人保留停车位，这些事实本身就意味着公司内部没有太多的企业中常见的那种森严的等级结构。尽管如此，组织依然运转顺畅，员工也在各尽其职。

是什么原因使坦德姆公司的员工各行其是，但同时又为了共同的目标而努力工作呢？一个可能的原因是，那些不成文的行为规范和人们对事业的共同理解。有人这样说：“这里有许多不成文的规定，但也有许多让你努力工作的自由空间。大多数原则都是经营理念层面的。”另一种可能的原因是权力的分散。

> 门户开放政策让我有机会接近任何人，甚至总经理。
>
> 在这里的任何人，不论是管理者、副总经理，还是门卫，都在同一平台上对话，没有谁会感到自己高人一等。

坦德姆公司似乎很好地平衡了自治与控制之间的关系，它并不过分依赖于集中化或正规化的程序，或是严格的地位等级制度。

英雄人物：总经理和产品

吉姆·特雷比格是坦德姆公司的一位英雄人物。他的员工进一步证实了这一点：

> 吉姆的确是这里的一个象征。他就是一种标志，体现了这里的每一个人都是真正意义上的人。从你进入公司的第一天起，他就努力让你觉得自己是这个大家庭的一分子。这是人们经常谈论的话题。
>
> 要想了解这个公司，你必须了解的一件事就是：吉姆是个非同寻常的人物。

特雷比格与坦德姆“连续 10 型”计算机（公司的拳头产品）共同成为闪耀着英雄光彩的关注焦点。该型号计算机就是公司的标志，它包含“共同工作”这一寓意。

这一产品是出类拔萃的，每个人都因为产品出过一份力而感到骄傲。

每当有一笔大订单运出工厂时，每个人都会拍照留念，欢呼喝彩声此起彼伏。你会相信吗？这一切不过是为了台计算机而已。

特雷比格与计算机共同成为公司的聚焦点。不过，在坦德姆公司，还有数不清的其他英雄人物，公告栏里会定期公布他们的成就，人们称他们为“我们最新的明星”。

礼仪和仪式

坦德姆公司因每周五下午人人都参加的“啤酒联欢会”而名声在外。然而，这个仪式的意义远远不止是让人们在一周的紧张工作后得到放松这么简单，它是一种重要的手段，让工作群体之间进行非正式的沟通和联络。

坦德姆公司对礼仪、仪式和娱乐的重视不仅表现在“啤酒联欢会”上，它还提供高尔夫球场、体操房和游泳池等。每逢重要节日还会在公司范围内举行庆祝活动，这些活动为其员工发扬“团结一致”的精神提供了机会，同时也体现了坦德姆公司对员工的关怀。

早在同应聘者进行面谈时，坦德姆公司对礼仪和仪式的关注就开始了。在招聘过程中，应聘者会被请到公司里来进行两三次面谈，他必须先接受工作岗位，然后再谈工资事宜。这种面试可以看做一种“调查”，它向应聘者传递的信息是：“我们之所以在这方面花费很长时间，是出于我们对员工的关心——因为我们真的关心他们。”这个过程的影响是相当深远的。

他们约我在这里进行了 4 次面谈，为了一个库存管理员的岗位

> 花了大约4小时。显而易见，他们对于自己要雇用的人是很挑剔的。他们谈了对我的看法，他们认为我很不错。

在每一次新员工的岗前培训时，特雷比格都会亲自欢迎新员工，为其阐释公司的发展动力以及管理理念。他的出现增加了员工在坦德姆公司工作的自豪感。在坦德姆公司工作的人总感到自己与众不同，这毫不奇怪（实际上他们在受雇之前就深深感受到这一点了）。另外，他们之所以感到与众不同，还因为公司及其产品也是与众不同的，而这种情感又常常以一种非同寻常的方式表现出来——对公司的忠诚和奉献。

> 我的目标就是追随公司的目标，这是我与公司的共同目标。我认为这里的人都是这样想的。我们都希望公司万事顺利。你如果不全心全意为它工作，就得不到任何东西。

员工认为自己的工作与坦德姆公司的成功有着密不可分的联系。

> 我的工作很重要。如果我不好好做，坦德姆公司会赚不到一分钱。

坦德姆是一个独特的公司。它的许多成功与它的文化息息相关，就如同其产品与市场密切相关一样。这个公司拥有员工普遍认同的明确的价值信念、英雄人物、故事及其传播者，在重大时刻还有仪式和庆典。坦德姆公司拥有一种强文化，它在公司和员工之间形成了一条纽带，并以不同于其他很多公司的方式来提高生产效率。公司所确立的英雄人物、价值观和仪式，对一个文化持续具有活力是极其关键的。坦德姆公司之所以能够始终拥有它们，诀窍在于维持这个文化的同时，文化又反过来促进了公司的发展。

坦德姆公司的文化会持续下去吗？公司的规模还不是很大，历史也不是很长，所以我们尚难判断它最终能否在美国大企业名录中占有一席之地，但我们觉得它已经有了一个良好的开端。确实，其他公司，如 IBM 和宝洁，历经几代人成功地传承和发展文化，这些具有强文化的公司是真正的美国企业巨头。然而，它们的文化在形成之初与坦德姆公司的十分相似。

企业文化的构成要素

坦德姆公司的哪些因素能深深抓住员工的心？为什么其他强文化公司也同样能够激发出这种员工对组织的忠诚？为了深入研究，我们翻阅了很多参考文献，以期更好地理解强文化的构成要素。哪些因素决定了一个公司企业文化的类型？这种文化又是怎样在公司的日常生活中发挥作用的？我们稍后还会逐一深入探讨，这里只是简要概括一下企业文化的构成要素。

企业环境

由于产品、竞争对手、顾客、技术、政府影响以及其他条件不同，因此每个企业都面对各不相同的市场环境。为了在市场中取得成功，每个企业都要善于从事某种活动：在一些市场条件下，它意味着销售；在另一些条件下，它意味着创新；还有一些条件下，它意味着成本管理。简而言之，公司所处的环境决定了它应该怎样做才能成功。在塑造企业文化的过程中，企业所处的环境是最重要的唯一影响因素。因此，如果一个公司想要靠销售大众化商品而获得成功，就应该发展一种我们称为“努力工作/尽情玩乐”的文化来保持销售队伍的旺盛斗志。对于那些在无法得知产品最终能否成功之前就必须投入大量研究与资金的公司，则应发展一种我们称为“赌注型”的文化，以确保在采取行动前已经进行过缜密的思考。

价值观

价值观是一个组织的基本理念和信仰，构成了企业文化的核心。对员工而言，价值观界定了“成功”这一概念的具体内容（例如，“如果这样做，你也会成功”），并建立了组织内部的成就标准。我们调查的强文化公司都拥有员工广泛认同的、内容丰富的价值观体系。这些公司的管理者常常公开谈论这些信念，而且他们绝不容忍有任何偏离这些准则的言行出现。

英雄人物

这些人物本身体现着企业文化，并为员工提供了有形的榜样。有些英雄是与生俱来的，例如美国企业那些富有远见卓识的缔造者；另一些人物则是在公司日常经营中的特殊时刻“塑造”出来的。精明的公司会直接从员工中挑出人选来扮演这样的英雄角色，因为它们深知，其他人会努力效仿这些英雄的行为。强文化公司拥有许多这样的英雄。例如在通用电气公司，其英雄人物包括发明家托马斯·爱迪生、学识渊博的工程师查尔斯·斯坦梅茨、曾任 CEO 的杰拉尔德·斯沃普（Gerald Swope）以及杰克·韦尔奇，还有其他众多虽不大知名但同样重要的公司内部人物，如驱动电动牙刷的高力矩马达的发明者、运转汽轮机车的总工程师、在两次海外革命中幸存下来的出口销售人员、在新加坡挽救了一个工厂的国际事务部经理等。员工只要在公司待上几个月，就会亲眼见到这些成就卓著的人物。他们向每个员工显示着“这就是你在这里为了成功所必须做到的一切”。

礼仪和仪式

礼仪和仪式是公司日常生活中一些系统化和程序化的惯例。公司通过日常行为表现（我们称之为礼仪），向员工表明它们期望的行为方式是什么；公司通过盛大的典礼（我们称之为仪式），生动而有力地提供了公司支持与赞赏的范例。强文化公司总是明确指出，哪些是它们期望员工遵循的日常行为礼仪。

文化网络

作为组织内部的主要沟通手段（但它是非正式的），文化网络是公司价值信念和英雄神话的“载体”。在公司内部，这些说书人、谍报人员、牧师、非正式团体和小道消息传播者形成了一种隐蔽的权力阶层。要想出色完成工作或者了解实际发生了什么事，唯一的方法就是有效地运用文化网络。

强文化的力量

通过构建价值体系、创造英雄人物、规定礼仪和仪式以及认可文化网络的优势，公司塑造了自己的独特身份：它们都有可以传承的价值观和信念，而不仅仅是产品；它们都有可供讲述的故事，而不只是创造利润；它们都有管理者和员工可以效仿的英雄人物，而不只是见不到面的官僚们。总之，它们是人的机构，向人们显示着实际意义，不论是工作内的还是工作外的。

我们认为人是公司最重要的资源，对人的管理并不是直接利用电脑报告就能做到的，而是要运用文化的微妙影响。强文化是指导行为的有力杠杆，它能帮助员工把工作做得更好。它主要通过以下两个方面来实现这一过程。

强文化是非正式的规则体系，它明确指出人们在大部分时间里应该如何行事。人们一旦了解组织对他们的确切期望，就不会把时间浪费在思考在什么情况下应该做什么事上。而在弱文化中，员工在确定自己应该做什么以及怎样做上花费了大量时间。强文化对生产效率的影响是惊人的。我们预计它能使公司每个员工每天额外获得 1～2 小时的工作时间。

强文化使人们对自己的工作感觉良好，因而更愿意加倍努力。当一个销售代表说“我在 IBM 工作”，而不是说“我为了生计而兜售打字机”时，他很可能听到这样的回应：“啊，IBM 可是家相当不错的公司，对吧?”他很快意识到自己属于一个非常杰出的公司，并有一种强烈的身份认同感。对大多数人来说，这意义重大。下一次在选择是加班半小时还是放下工作不干时，他们更可能会选择继续工作。同样，它对生产效率也有重要影响。

与 10 年或 20 年前不同，今天的员工总感到颇为迷茫。按照心理学家弗雷德里克·赫兹伯格（Frederick Herzberg）的说法，员工们觉得自己被工作蒙骗，他们只好把时间花在特殊兴趣上。他们的生活价值观变化不定，他们愤世嫉俗且玩世不恭，他们将道德与伦理混为一谈。不确定性是这一切问题的核心。但是，强文化公司能够在很大程度上消除这种不确定性，因为它提供了人们应该如何行为的框架、标准和价值体系。事实上在美国，公司也许是最后几种依然能起到塑造文化作用的社团类型之一。我们认为，员工、管理者和高层领导都应该认识到这一点并据此行事。

人们在职业生涯的各个阶段都要了解文化的意义和它的作用方式，因为文化可能会对他们的工作和生活产生强有力的影响。当职业生涯刚刚起步时，人们可能会认为工作仅仅是工作而已。但是，当他们选择了一家公司时，实际上就等于选择了一种生活方式，文化以一种有力而又微妙的方式塑造着他们的行为。文化可以使他们成为勤快的员工，也可以使他们成为懒散的员工；可以使他们成为作风强硬的管理者，也可以使他们成为亲切友好的管理者；可以使他们成为团队成员，也可以使他们成为孤军奋战的个体。工作了几年之后，他们的言行举止就会受到文化的制约，尽管他们自己可能并没有意识到这一点。然而一旦调换了工作，他们就会大吃一惊。

假设通用电气公司一位有上进心的高层主管为施乐公司提供的优厚条件——更高的报酬、更大的办公空间和更多的责任所吸引。如果他的第一反应是要抓住这个机会，最终他很可能会非常失望。施乐公司有着与通用电气公司截然不同的文化。在施乐公司，成功（甚至是生存）在极大程度上依赖于能够始终保持一种近乎疯狂的工作速度，也就是努力工作、尽情玩乐的能力，这就是施乐的风格。

相反，通用电气公司则拥有一种深思熟虑、沉着稳健的文化。通用电气公司的文化会认真对待任何一项经营活动，认为每项行动都对公司有着至关重要的影响。在通用电气公司，影响成功的因素包括认真地对待工作、对同事充分尊重、对权威的敬重以及深思熟虑的作风。一个在通用电气公司取得成功的人会把这些价值观也带进施乐公司，因为过去在通用电气公司文化中的经验强化了他们的行为方式。然而，这种价值观在其他地方却可能不受推崇。

一个在通用电气公司很有希望的年轻人到了施乐公司可能会很快遭遇失败，他可能会茫然不知自己为什么会失败。他一丝不苟地坚持通用电气公司的那套成功经验，甚至加倍努力。但是，那种事无巨细、每件事都要深思熟虑的做法会被施乐公司的员工视为“不够聪明”。他在自信、自尊和能力上受到的打击会令他困惑不解，并最终断送自己的职业生涯。在施乐公司，生产效率才是至关重要的。

这并不是我们主观臆想的情节，这样的故事一而再、再而三地发生在施乐公司、通用电气公司以及其他许多公司中，因为管理者忽视了文化对个体工作方式的影响。对于人们离开某个组织到另一个组织工作常常“注定”会失败这个问题，文化的冲击是其中的主要原因。他们失败的原因往往并不是工作本身，而是没有正确地理解另一种文化。

那些想在自己公司中继续发展的人也应该认识到（至少应该感觉到），哪些因素在促使文化上起着作用。如果重视产品质量是公司的主要价值观，那么你最好设法到制造部门去工作，你可以在质量控制小组的工作中一显身手；如果你是公司里的营销能手，但公司的所有英雄人物都是和数字打交道的专家，那你可能就会遇到麻烦。你可以进修一些会计课程，或者设法寻找一个更合适的环境。除非文化本身也处于变化状态（也就是说，从强调财务转向市场导向），否则，只要你不能与文化协调一致，取得巨大成功的机会就十分渺茫。

除了出于个人成功的考虑，作为管理者，要想完成自己的工作，还必须明白文化是如何发挥作用的。你如果试图在一个销售人员相互之间和睦相处的公司里建立一套严格的、充满竞争的市场营销体系，就会面对严峻的挑战。即使每个人都接纳你的做法，你也必须了解如何去管理文化（例如，树立新的英雄人物作为榜样），从而让你手下那些随和的销售员学会新的游戏规则。

最后，高层经理，特别是 CEO，还可能因为忽视了文化对公司的影响，或者忽视了自己在文化塑造过程中的核心作用，从而忽视了一个事关公司能否最终成功的关键因素。他们的企业文化可能包含各种知识与经验，也可能亟须建立起共享的价值观和被人们普遍接纳的故事；他们的企业文化可能具有连贯性和凝聚力，也可能支离破碎而令人费解；他们的企业文化可能含义丰富，也可能简单直接；他们的企业文化可能是丰富、热烈、有力和有的放矢的，也可能是微弱、冷漠、苍白和漫无目的的。理解文化有助于高层领导洞察自己的公司为什么会成功或失败。了解如何建设和管理文化，有助于高层领导为公司树立更好的声誉，也有助于公司经久不衰。

那么，每个公司都能拥有强文化吗？我们认为答案是肯定的。但要做到这一点，高层领导必须首先了解公司已有的文化是什么样的，即使它是弱文化。在很大程度上，一个 CEO 最终能否成功取决于这样一种能力，即准确理解本公司的文化，并对这种文化不断进行雕琢和塑造，使其适应不断变化的市场需要。

我们可以想象到，许多管理者在阅读本书时会这样问自己：文化是否太过“柔性”？认真严肃的管理者真的应该花时间来处理它吗？说实话，我们坚信管理者必须这样做。管理学者有时指出，公司是如此复杂，同时它面对外部和内部形形色色的情况时，力量又是如此脆弱，以至于管理者在做出决定和进行领导时的自由度十分有限。他们的论述看起来有一定道理，但我们的经验并不支持这种观点。总的说来，我们所知道的最成功的管理者是这样一群人：他们建立能够引领大家的远景目标，形成普遍认同的价值观，并带领员工共同奋斗，从而使公司出类拔萃。

所有这一切都使我们认识到在任何组织中和人打交道的重要性。那些老牌企业的缔造者深知强文化的价值并为之而奋斗。他们把自己作为公司中具有象征意义的演员兼导演，他们知道如何精心安排事件，甚至有时设法使事件戏剧化，从而让大家了解他们的用意。他们明白公司在塑造个人生活方面的作用，并理直气壮地建议人们在生活中应当遵守标准。如果身为管理者，你将来也要执掌这种庞大的机构，那么今天你就必须迎接这项挑战。

本书的目的是向企业领导者提供文化管理的基本知识。我们在这里将展示一些杰出公司[①]是怎样管理文化的，但是，我们的目的是提出一些建设性的意见，而不是开出疗效显著的处方。我们的目标是唤起读者的高度注意，提醒他们思考行为这一中介变量在工作场所中的作用，并说明文化建设的积极影响。通过这一过程，我们希望向读者灌输一种新的企业生活法则：文化本身就是力量。

---

① 你会发现我们在本书中反复提及一些公司（如通用电气公司）和个人（如托马斯·沃森），这是因为我们认为他们是用来阐述我们思想的最佳实例。一意孤行、对这些榜样不加任何效仿的管理者的业绩水平可能更差。

第2章

价值观：企业文化的核心

价值观是任何企业文化的基石。① 价值观作为经营理念的核心，为所有员工提供了一个共同的目标，并成为他们日常工作中的行动指南。这些成功的准则决定了（有时是源于）企业文化中的英雄人物、神话故事、礼仪仪式的类型。实际上我们认为，企业能成功经常是因为它们的员工能够认同、信奉和实践组织的价值观。

这些价值观可能是范围广泛的（如“进步是我们最重要的产品”），也可能集中于具体的内容（如“在保险业中出类拔萃”）；可能是迎合人们想象的（如“爱尔兰第一跨国公司”），也可能是告知人们怎样共同合作的（如“坦德姆：合二为一”），还可能纯粹是激励性质的（如“销售和收入实现15%的增长”）。如果这些价值观是强有力的，就会引起每个人的重视，“在这里，人们非常看重质量”。如果价值观不够有力，则可

---

① 本章所阐述的思想中，很多内容来自麦肯锡公司咨询顾问朱丽安·菲利普斯（Julien Phillips）的工作。

能会被人们忽视，“由于老员工们渐渐退出，公司已经不再是原来的那个公司了。今天，这里的所有人都只是或多或少地做着他们自己的事”。

“理性”的管理者很少关注组织的价值体系。价值观不像组织结构、规章制度、战略和预算那么“刚性”，而且常常并未用文字表述出来。如果有人想把公司的经营理念通过正式语言陈述出来，那么得到的结果很可能与《圣经》的福音书类似——内容不错，也很真实，且具有建设性，只是与每天要做的工作毫无联系。

我们认为，今天的社会中普遍存在一种价值观的不确定性，这种相对主义论调损害了组织中的领导力、承诺以及其他相关方面。的确，在这个高速发展的世界中，谁又能真正知道什么是对的？在理念层面上，我们相信这个问题没有一个令人信服的回答。但是在日常的企业实践中，情况却不一样。虽然终极价值观是空洞的，但具体价值观显然对于具体经济环境下的特定组织有着明确的含义。也许正因为终极价值观看上去难以捉摸，人们才会更积极地认同具体的价值观。人们不可避免地要作出抉择，而价值观则是抉择过程中不可或缺的行动指南。

此外，组织显然可以从共享价值观中获得强大动力（请注意，我们在这里强调“共享”这个概念）。如果员工知道自己的公司要坚持什么，自己该坚持什么样的标准，他们就更可能做出行动来支持这些标准，也更可能感到自己是组织的一个重要组成部分。他们之所以受到激励和鼓舞，是因为公司生活对他们来说富有意义。

组织价值观能够有力地影响人们的实际行动，因此，我们认为价值观应该成为管理者十分关注的一项工作。事实上，塑造和强化价值观应该成为管理者最重要的工作之一。通过研究我们发现，成功的公司对价值观相当重视。概括说来，这类公司有三个共同特点：

- 它们支持某种东西，也就是说，它们有一个清晰而明确的经营理念来指导它们的企业行为。

- 管理层十分注重价值观的塑造和调整，以使它们适应企业当前的经济和商业环境，并在组织内广泛传播。

- 公司的员工熟悉并认同这些价值观——无论是生产第一线的工人，还是最高管理层的领导。

什么样的价值观能把公司及其员工队伍联系在一起？它们来自哪里？更重要的是，它们怎样影响一个组织的成功运作呢？

公司的特征

对那些具有上述特征的公司来说，共享价值观决定了公司的基本特征，也使它们区别于其他公司。通过共享价值观，它们为组织成员建立了一种身份的认同，使员工感到自己的特殊性。另外，不仅在高级管理者的心中，而且在公司绝大多数人的心中，价值观成为一种实实在在的东西。正是这种意识把人们聚集在一起，并使共享价值观产生了如此大的效用。让我们看看以下几个例子。

- 卡特彼勒公司："24 小时的全球服务无处不在"——象征着对满足顾客需要的无条件承诺。

- 李奥贝纳广告公司："制作出色的广告"——对杰出的具体含义的承诺。

- 美国电话电报公司（AT&T）："全民服务"——为所有用户提供标准统一、高度可靠的服务。公司目前正在对价值观进行重新塑造，以适应新型的竞争市场。

● 杜邦公司："通过化学使美好的生活变得更加美好"——杜邦最核心的价值理念是：通过化学工程而带来产品创新。

● 西尔斯-罗巴克公司（Sears-Roebuck）："物美价廉"——美国中部超市的信念。

● 劳斯公司："为大众创造最好的环境"——这是一种对于开发健康而舒适的居住社区的极大关注，而不仅仅是在建造住宅。

● 大陆银行："我们会想出办法解决它"（以满足顾客需要）。

● 丹纳公司："效率由人创造"——集中反映了公司依赖于各个层级的员工的想法和奉献。丹纳公司在很大程度上依靠成本和产品的可靠性，而不是产品的变化性取胜。

● 丘博保险集团："在保险业中出类拔萃"——体现了公司在重要职能方面对于卓越的无条件承诺。

● 普华永道公司："（在会计方面）致力于技术的尽善尽美"。

对局外人来说，这些口号简直就是陈词滥调。确实，其中不少词汇经常出现在广告中。但是，与一般的广告用语截然不同的是，它们抓住了组织中人们深信不疑的东西。在各自的公司里，这些语言都有着丰富而具体的含义。

我们把这些语言称为"核心价值观"，因为它们是经营宗旨的精髓。这些像口号一样的内容，在组织如何获得成功的一整套复杂信念体系中，是唯一最可见的部分。这些价值信念与企业的基本理念紧密相连，并为员工从事他们的工作提供了指导原则。

例如，如果你在汽车销售行业工作——就像世界上最成功的汽车推销员乔·吉拉德（Joe Girard）那样，并且你的市场经验告诉你，关心顾客是赢得“回头客”的关键方法，那么你就会把这一经营理念运用到工作中。吉拉德的核心价值观是“顾客服务”。基于这一基本思想，他发展了一些理念，例如，应该认真对待所有顾客的抱怨，确保他们的问题得以解决；在圣诞节和顾客生日时为顾客寄去贺卡。在一些特殊的月份里，吉拉德会给顾客发送多达 13 000 张贺卡。他将自己的价值观和信念付诸行动，因而每年售出的汽车比世界上任何其他汽车推销员都多。

从个人角度来看，我们很容易理解积极拥护某种基本价值观的人为什么很容易取得成功。不过在更大的企业环境中，我们对于价值观如何发挥作用的理解则会困难一些。实际上，企业不过是由个人组成的集合体，如果人人都像吉拉德那样有信念也有行动，那么毋庸置疑，这个企业会在它所从事的领域中取得成功。这其实也是对管理层的真正挑战：塑造成千上万个吉拉德式的员工，他们深深地认同企业的价值观。

通过对竞争价值观的培养，百事公司似乎很好地应对了挑战。《商业周刊》报道说：“该公司曾一度满足于行业第二的地位，把百事可乐看做比可口可乐更便宜的替代产品。但是今天，一个百事的新员工很快就会认识到这一点：无论在公司内外，在竞争中取胜才是获得成功的最可靠途径……获胜是百事公司的核心价值观。失败会受到惩罚。如果总是跟在别人后面，自己最终会被扫地出门。员工们认识到，要想在公司里继续干下去，就必须获胜。他们必须挫败对手继而名列前茅。”

另一方面，丹纳公司却有着截然不同但同样成功的一套价值观体系。汽车零部件制造业有着悠久的历史，作为该行业中一个强劲的竞争者，丹纳公司在过去七年里生产能力翻了一番，而同期，美国的总体工业生产率却增长十分缓慢。丹纳公司取得这个成绩不是依靠大量的投资，也不是依靠尖端的工程技术，更不是通过管理层强制推行的“加速”做法；相反，它依靠的是自己的员工，包括那些最基层的店面员工。公司的管理层反复强调生产效率对公司成功的重要性。他们通过以下方式把这种价值观付诸行动：成立大量的特别任务小组并举办其他特殊活动；给员工提供促进生产率的实践机会；听取并采纳各种建议；持久、明确和频繁地对成功进行奖励。通过这些活动，丹纳公司的员工不再认为“效率由人创造”仅仅是个宣传口号。

宝洁公司：打造价值观体系

虽然寥寥几句广告用语表示一个价值观体系会显得极其生动，但许多成功的公司往往都有这样的传统：这些价值观、信念和教义的内容要历经多年发展而成。这些价值观、信念、教义从何而来？大多数来自经验，来自在经济环境中不断的尝试。但是不可否认，组织中的一些个体会有力地影响到价值标准和信念的塑造过程。

第1章中，我们简要介绍了坦德姆这个发展迅速的新兴企业的价值观。现在让我们来看看另一个不同类型的公司，这家公司有着150年的发展历史，但依然保持其独具特色的经营理念而且持续获得成功。

无论从哪个角度衡量，俄亥俄州辛辛那提市的宝洁公司都是一家长期以来一直重视企业文化建设，特别是强调价值观建设的公司楷模。让我们先来看看它的发展简史。

1837年，威廉·普罗克特（William Procter）和詹姆斯·甘布尔（James Gamble）在他们岳父的建议下结成合作伙伴。当时，他们想要进入的蜡烛和肥皂制造业竞争相当激烈，仅辛辛那提市就有 18 家直接竞争对手，而遍布美国各地的众多对手更像雨后春笋般迅速成长起来。在宝洁公司的早期，蜡烛生产是公司的主要收入来源，公司也是小富即安。然而 19 世纪 70 年代，人们开始越来越多地使用油灯，自然而然地使普罗克特和甘布尔开始担心蜡烛制造业的未来。为了公司的未来，他们更加努力，想成为肥皂市场的领头羊。1878 年，公司创始人之一的儿子詹姆斯·N. 甘布尔（James N. Gamble），一位受过良好教育的化学家，改进了一种新型白色香皂的配方。

其表兄哈利·普罗克特的工作是推销香皂。他觉察到这可能是个不错的产品，因此花了几周时间试图给它起个合适的名字。一个周日，当教堂中的赞美诗唱到诗篇第四十五篇第八节“你的衣服都有没药、沉香、肉桂的香气。象牙宫中有丝弦乐器的声音，使你欢喜”时，哈利灵机一动，“象牙”（Ivory）香皂从此诞生了。

哈利认为这个发明能给公司带来机会，他创造性地运用了图片广告这个新媒介，把象牙香皂塑造成为第一个全国知名的肥皂产品。自此，公司进入了重要的成长阶段。

象牙香皂的成功一直持续了 33 年，直到另一种产品出现，它才没有继续辉煌下去。纯植物性烘焙油（Crisco）作为动物性油脂的替代品，在当时是一种全新的产品。后来又有了佳美（Camay）香皂（1923 年）、汰渍洗衣粉和普莱尔（Prell）洗头膏（1946 年）、喜悦（Joy）洗涤剂（1949 年）、切尔（Cheer）洗涤剂（1950 年），而后是佳洁士牙膏和卡玫特（Comet）清洁剂（1956 年），还有海飞丝洗发液（1960 年）、帮宝适纸尿裤（1961 年）、舒肤佳（1963 年），以及最近的多妮（Downy）柔顺剂、清洁先生（Mr. Clean）去污剂、顶尖（Top Job）

清洁剂等品牌。任何一个消费者都知道，这些产品在今天的市场上都处于领头羊的地位。

是什么因素使得这家公司在大众消费品市场上如此强大？又是什么因素使得宝洁公司无论是在经济繁荣时期还是在经济萧条时期都能始终如一地保持令人羡慕的销售纪录？是因为它率先把新产品推向市场？也许在早期是这样的，但诸如汰渍洗衣粉和切尔洗涤剂等产品显然与是否率先进入市场无关。是因为它在主要市场上缺乏竞争对手？宝洁公司所在的市场显然不属于这种情况。是因为它比高露洁或其他公司有更好的企业战略？我们很怀疑宝洁公司在战略上有多大的自由度使它不同于同一市场中的其他公司。

我们相信宝洁的成功最终归功于它的强文化，而这种强文化又建立在一套价值信念的基础上，其中最重要和最基本的价值观就是“做正确的事”。当威廉·库珀·普罗克特（William Cooper Procter）首次将管理大权交给理查德·R. 德普雷（Richard R. Deupree）（第一位非普罗克特或甘布尔家族的成员）时，他说：“要永远努力去做正确的事，如果你这样做了，便没有人能真正发现错误。”这条原则至今依然在发挥作用，它传给了宝洁公司的每一位当家人，也传给了宝洁公司的每一个新员工。

这些信念和价值观从何而来呢？公司成立之初，普罗克特和甘布尔并不具备这样的远见卓识，能够建立一套价值观体系，并将它灌输给员工。这套价值观体系来自多年来不断的探索和对错误的修正，来自众人对于企业如何经营这个问题的思考。让我们来看看几个关键的价值观是如何形成的。

“顾客至上”

宝洁公司成立伊始，它的创始人就始终明确地关注那些对顾客极其重要的事情。1851 年的一个清晨，威廉·普罗克特注意到一个码头工人在宝洁公司的蜡烛包装箱上画了个黑色十字。经过询问普罗克特得知，原来这个黑十字是为了让不识字的工人区分出肥皂箱和蜡烛箱。另一个有艺术细胞的工人不久后把黑十字改成一个圆圈中间套着一颗星，后来又有人用一组星星替代了原来的一颗星，再后来有人又加上了一弯月牙和一个人的轮廓。最后，宝洁公司在它所有的蜡烛包装箱上都画上了这个星星和月亮的组合图案。

一段时间之后，宝洁公司认为“月中人”这个图案没有什么作用，于是就把它从箱子上去掉了。很快，公司收到了一封来自新奥尔良的信，一个批发商拒绝接受一批宝洁公司的蜡烛，理由是这些箱子上都没有“星星和月亮”的图案，批发商认为它们是冒牌货。宝洁公司立即意识到“月亮和星星”图案的价值，把它注册成为商标并重新使用。这是宝洁公司对于自己品牌认同的开始，也是公司众多次听取顾客意见的第一次。

宝洁公司之所以关心顾客，是因为多年来的经验告诉它，对顾客的关心越多，公司的收益就越大。确实，是顾客发现并推广了象牙香皂。该产品刚上市不久，公司从顾客那儿得知，象牙香皂可以浮在水面上。起初，宝洁公司的管理者对此非常吃惊，他们觉得这大概是因为香皂配制过程中出现了一个失误，事实也的确如此。但顾客不断要求供应这种“飘浮香皂”，于是宝洁公司决定将错就错，正式投入生产。

此后，宝洁公司继续倾听顾客的意见，顾客帮助公司开发了几乎所有的主要产品。多年的经验进一步告诉它，这样的关心往往是有回报的。公司把这种爱好称为“用户主义：经过全面的市场研究后，对顾客的需求作出回应”。纵观宝洁公司的历史，用户主义表现为许多形式：从 1912 年为烘焙油进行的厨房试验，到 1922 年雇用家庭主妇对液体餐具洗涤剂提供的反馈，再到 20 世纪 20 年代针对佳美香皂进行的大型入户调查。如今，宝洁公司每年会进行 150 万个电话调查，这相当于每年进行 1 000 次盖洛普民意测验。

简而言之，宝洁公司的文化中最闪光的地方就是倾听顾客的意见。不仅如此，它还发展了比其他公司更多的方法来倾听顾客的意见。它花那么多年的时间来学习做这件事，怎么可能做不好呢？

“不要坐等其成，必须促其发生”

在大型消费品公司中，宝洁公司一直是广告投入最大的一家。从 19 世纪起，宝洁公司的管理者就坚信广告的作用，并把公司未来的赌注压在了广告上。他们是怎样产生对这种媒体效果的信任的呢？同样，信任也并不是很简单就能产生的，它来自多年的艰苦努力。

这一切源于哈利·普罗克特和他的象牙香皂。有好几年，哈利·普罗克特一直在和公司里的同事（也是他的亲属）争论这个问题，以使他们相信通过媒体广告能够销售更多的香皂。他终于说服他们迈出了第一步，在这个尚无定论的新型媒介上投资了 11 000 美元。

哈利·普罗克特决定在他的第一次广告中强调象牙香皂的纯度。为此，他从纽约请来了一位科学顾问，这位顾问首先界定了纯度这一概念，基于此进而测量纯度——象牙香皂的纯度为 99.44%。有了这个统计数据的帮助，哈利·普罗克特开始了象牙香皂的广告宣传。这个了不起的创新活动带来了两个结果：一是促使宝洁公司的销售额激增，二是促成了现代广告业的诞生。与听取顾客意见一样，宝洁公司在这方面也获得了成功。

但是，像宝洁这样的公司热衷于广告宣传并不意味着停步不前。当公司开始相信广告的效用时，它提出了诸如“促其发生”这种基本的文化价值观。它年复一年不断地检测，不断地尝试新想法，并不断地发展原有的想法。1923 年，宝洁公司第一个投资利用了当时还是一种全新广告媒介的收音机。从传播信息的收音机开始，宝洁公司进一步推出了日场肥皂剧。30 年后，宝洁公司在电视媒介中再度出手。

“要让员工对我们的公司感兴趣”

早在 19 世纪 80 年代末象牙香皂卖得十分红火时，威廉·库珀·普罗克特就提出了这样的问题：怎样才能使宝洁的员工不但工作效率高，而且忠于自己的公司？怎样才能体现出公司对其成员的责任感？

1883 年，威廉·库珀·普罗克特从宝洁公司最基层的生产车间工人做起——他的工作是装卸混合皂液——这项工作并不是仅仅做给别人看的。他完全像一个真正的生产工人那样工作，甚至坐在工厂地板上和工人一起吃午饭。通过这段早期的工作经历，威廉·库珀·普罗克特对于宝洁工人真正的想法和关心的问题有了最直接的了解，这种理解构成了他日后坚持不懈地改善劳动关系的基础。

1884 年，威廉·库珀·普罗克特最终说服了他的父亲和叔叔，让工人们能够在星期六下午带薪休息，这在当时是一项十分激进的建议。但是，全国范围内劳工运动的不断发展很快证明威廉·库珀·普罗克特的计划不合时宜。他为此奋斗了两年，并提出“与工人共同分享利润，可能会使宝洁的工人对公司更加忠诚和尊重”。但是，他再度失败。这种利润共享计划并没有带来生产率的增长和员工对公司忠诚度的提升，工人们只是把他们得到的钱看做额外的工资。威廉·库珀·普罗克特以一种无畏的精神，花了数年时间不断地修正方案，并在 1903 年提出将分享利润和购买公司股票合为一体的方案，也就是说，工人每投资一美元，公司就再赠送一美元的股额，直至数额达到那个工人的年薪额度为止。这一方案的成功进一步鼓励了威廉·库珀·普罗克特开拓管理者与工人之间的双向沟通渠道，他制定了职工议会计划（1918 年），并在宝洁公司的董事会中为每个主要工厂提供了一个工人代表的席位（1919 年）。后来，他又把工作时间从每天 10 小时缩短为 8 小时。威廉·库珀·普罗克特始终致力于改善劳动关系，他相信自己的种种行动将会获得收益。他力排众议，保证对工人实行长期雇用，从而消除了员工的工作不稳定感。为此，他冒着极大风险建立了直接的分销渠道（换句话说，就是自己的销售队伍），从而绕开了那些曾经提出十分不合理要求的分销商。这次冒险最终成功了。即使在经济大萧条时期，宝洁公司也没有裁掉记录在册的任何一名工人。

可见，宝洁公司在致力于“做正确的事”上经历了一段漫长的历史。詹姆斯·甘布尔改善了他的肥皂配方；哈利·普罗克特开创了全新的广告宣传领域；威廉·库珀·普罗克特建立起这样一条原则：公司的利益与员工的利益密不可分。而自始至终，宝洁公司都认真地关注自己的顾客。这些价值观是通过多年的市场经验而形成并不断改进的，并不是某一刻的突发奇想。虽然宝洁是一个十分成功的公司，但它也有自己的问题。依恋（Rely）卫生棉条事件就是出现问题的一个例子。但是，其市场经验为公司发展出了一套丰富多样的文化体系，这种文化能够支撑公司渡过难关。

在研究强文化公司时，我们关注的一项核心内容是诸如宝洁公司这样的价值结构的演变过程。文化越强，价值系统越丰富、复杂，这些价值观真正产生作用的证据也就越多。

公司价值观的影响

正像我们从宝洁公司中看到的，企业的价值观念会影响到方方面面，从生产什么样的产品到怎样对待自己的员工。那些在强有力的共享价值观带领下的公司倾向于把价值观的内容反映在它们的正式组织设计中。我们最容易看到的例子是：一些公司坚信价值观会在工作中发挥作用，并严格地控制成本。一般来说，在这类公司中，财务副总经理和财务负责人会是高级管理层中的领导成员，而且通常分公司的财务负责人直接向总公司的财务负责人，而不是向分公司负责人汇报工作。几乎无一例外，这类公司的主要管理体系是预算开发和运营控制体系，甚至它的长期计划也要适应财务管理的需要。

诸如宝洁这样的公司，其价值观主要是适应外部市场，因此，高级管理层中很可能有数位资深的营销副总经理，并通常根据产品经理的意见来管理产品的市场营销工作。这样的公司肯定都有一个精心设计的系统，用于收集和传递有关顾客的喜好、顾客对产品的反馈、竞争对手的主要动态等信息。

一个组织的价值观标志着该组织最热衷从事的工作是什么。例如，有的公司最看重当前的管理，有的公司强调与外界的联系，还有的公司致力于长期发展战略。它们也表明了哪些信息对决策最重要。例如，有的组织依靠久经沙场的“老手们”的经验判断，有的组织则依靠具体的关键数据。它们还决定了什么样的人在组织中最受尊敬——可能是工程师，可能是营销人员，也可能是财务人员。

对于个体在组织中可能有多大的发展，价值观也起着重要作用。如果公司最重要的宗旨是产品开发，那么最优秀的人才就会希望去研发实验室工作；如果公司的首要价值观是顾客服务，那么有能力的人就不会想去财务部门，而是想去销售或服务部门工作。从事这些工作的人员在公司中将更快地提升，从而强化了这种价值观的重要地位。

共享的价值观还在传递公司对外部世界的期望方面起着重要作用。例如，西尔斯公司的经营理念就是坚持平等地对待供应商和顾客。西尔斯公司的价值观是“物美价廉”，它鼓励采购人员不遗余力地降低产品成本。许多企业的大部分生意都依赖于西尔斯公司，但这些公司常常又很害怕这个零售巨头。西尔斯公司的采购员会这样说：“这个价格不够理想，我们想从你这里花 9.95 美元购买消音器，并以 19.96 美元的价格卖出。事情就是这样。”生产商会争辩道，钢铁成本是 7.14 美元，生产消音器还有其他费用。这时西尔斯公司就会威胁说，它将和别人去做生意。最终，西尔斯公司的消音器销售量全球第一，而生产厂家只能怒气冲冲地计算如何用 9.95 美元来生产消音器。西尔斯公司就是这样采购商品的，所以它的名声并不很好，但它给顾客留下的印象是“西尔斯以最低价格销售优质产品”。

达美航空公司（Delta Airline）的价值观是“大众的公司”，这一点反映在它的广告标语“达美航空，家庭般的温暖”上。也只有家庭的关怀才会这样——达美航空公司支付给员工的工资高于行业平均水平，并因此吸引了最优秀的员工。公司对这些来之不易的员工委以重任，以提供高质量的顾客服务。因而很自然地，在面对上一次经济衰退时，达美航空公司的高级管理层对股东和财团这样说："目前形势严峻，不得不请你们出钱了。如果现在让我们的员工离开公司，那么从长远来看，我们以后就不会像过去那样盈利。我们的员工是公司长期业绩的支柱，是他们使企业真正运转起来。因此，各位股东，现在是你们忍痛割爱的时候了。在这次经济衰退结束之前，我们的盈利甚至我们的分红还会继续下降，因为我们不打算裁掉任何人。"这项举措之所以被接受，是因为长期以来达美航空公司一直把"家庭"作为公司神圣的价值观。正是这种共享价值观使达美航空成为一家了不起的公司。

1982 年，当其他运输公司裁掉 15 000 名工人时，达美航空公司却并未如此。其结果是公司收获了极大的员工忠诚。没有参加工会组织的员工忙着搬运行李、检查机票，帮助公司度过经济衰退时期，从而使正式员工没有人被裁掉。

达美航空公司的例子表明，公司的生存依赖于其价值观（尤其在艰难环境中）。它也表明，其中存在孤注一掷的风险。公司在形成自己的价值观时，它的行为必须是牢固稳定的——管理层的行为必须始终如一，因为不一致的行为会被注意并被放大。为了建立一个行之有效的价值体系，管理者不得不在任何情况下都言行一致。

共享价值观怎样影响组织业绩呢？一般说来，它们作为一种非正式的控制系统告诉人们，组织对他们的期望是什么。具体而言，共享价值观通过以下三个方面影响组织业绩。

组织中的管理者和其他人都非常关注企业价值系统中格外强调的内容。这反过来又会产生超乎寻常的效果。一家石油公司之所以能比其他公司更高效地生产原油，是因为生产效率是该公司看重的东西，也是管理者的工作重点。如果这家公司的一个主要竞争对手更强调贸易和财务，相应地，其管理者则不太注重生产操作，而更多关注潜在的销售利润中的每一分钱。

通常来说，真正的管理者往往会作出更好的决策，因为他们受到共享价值观的指导。当丹纳公司的管理者面对一个关键问题——例如当他们需要确定是把投资用于提高生产率，还是用于开发新产品时，他们很可能会选择提高生产率。

人们之所以加倍努力，是因为他们有更好的理由这样去做。“非常抱歉，我今天回来晚了。但顾客有个问题，而我们是从来不把问题留给顾客的。”

强价值观的风险和陷阱

价值观的力量在于人们都对它十分关注。但这种力量既可以成为动力，也可能产生问题。如果管理者希望与自己共事的人们建立或强化共享价值观，他们最好先了解这些风险。

不合时宜的风险

如果环境改变了怎么办？对于一个强有力的共享价值系统来说，一个最严峻的风险是，当经济环境发生变化时，原有的共享价值观却仍在指导人们的行为，而此时它已不再有利于组织的成功。当强文化的公司发现自己失去了原有市场或经济联系时，通常很难进行成功的调整。当前 AT&T 公司在适应新的竞争市场时面对的困境就是这样的一个例子。

“全民服务”是AT&T公司的口号，这是公司前董事会主席西奥多·韦尔（Theodore Vail）率先提出的。长期以来，这个口号一直在AT&T公司行之有效，因为直到不久前它还是一个受政府管制的企业，只要能令政府管理者满意，它就可以获得话费的增长。作为被选举或被任命的官员，政府管理者自然会受到他所在选区民众的影响。如果AT&T公司的战略是使所有人都能拥有电话（“全民服务”），公司就可以不断地要求政府管理者提高话费，而它也确实会如愿以偿。总之，广大选民得到了优质服务和公平对待，即使这种公平意味着在一条荒无人烟的乡村小道尽头安装一部电话这种毫无意义的工作。在美国的任何地方，只要有人需要一部电话，不久电话线就会连接到那里。

但AT&T公司坚持的这一价值观使它在适应没有政府监管的市场竞争的新环境时，遇到了巨大困难。在过去几年中，虽然报纸曾连续几周报道该公司的企业改组方案，尤其是一些出版物也反复讲述贝尔系统“新型营销动力”的案例，但是当一名维修工来到本书一位作者的家中，花了整整两个小时以公司的一种“遗风”对待我们时，显然又让我们看到了另一种现实。他对公司产品大加抨击，最终建议我们购买一个非贝尔公司生产的应答话机。就在AT&T公司苦苦致力于适应新环境时，三菱化学（MCI）和罗姆通信（Rolm）等公司已经进入它的市场，尤其是为小型办公室量身定制交换机系统以及商用长途电话服务等领域。

只有在经营权垄断的情况下，“全民服务”的最高目标才有意义，也才行得通（不知你是否注意到，美国确实拥有全球最好的电话系统）。但它也培养了对完整体系的迷恋，这种迷恋制约了AT&T公司去识别并满足特定的细分市场的需求。当竞争对手被允许进入市场时，这一点就成为AT&T公司面临的一个严重困难。高级管理层很明白这个危险，也知道该怎么去做。但是，所有员工的心态和工作都与那个已经不合时宜的价值系统紧密联系在一起，公司不得不花上数年时间才能真正适应新环境。

价值观体系的不合时宜带来的后果极其严重，它会使一些管理者在追求共享价值观时止步不前。但我们同时也应该看到事物的另一面：如果 AT&T 公司缺乏强有力的价值观体系，它能在过去取得如此骄人的成绩吗？几乎不可能。

抵制变革的风险

除了环境突变会迫使人们不得不进行变革以免灭亡，拥有忠诚信仰者的机构是否会主动进行变革呢？让我们来看看西尔斯公司的例子。该公司所在的行业不像电信产业那样面临着根本性的调整，不过管理层看到了一个可以成为百货商场业中顶级商业巨头的机遇。由于这一市场十分巨大并且发展迅速，利润无疑是相当丰厚的。

但是，西尔斯公司一踏上这条路就变得踯躅不前，它忠诚的员工队伍在与美国中产阶层的顾客打交道时得心应手，却完全不知道该如何运用“梅西百货风格”（Macy's-style）来应对高端消费群体。结果由于业绩欠佳，公司不得不中途放弃了前景诱人的战略。

西尔斯公司的例子并非绝无仅有。本书的一位作者曾经在一家发展迅速的公司中，花了两年时间试图帮助该公司的 CEO 精简工作岗位，以适应日益加剧的成本竞争。但最终公司只精简了不到 1 000 个岗位，而且其中大多数人很快又被重新雇用。由于强有力的传统心态依然持续地产生影响，因而成本削减未能奏效。

缺乏一致的风险

如果管理者的行为与企业宣传的价值观相矛盾，那会怎么样？我们知道有这样一家公司，其 CEO 经常宣传“更好地为顾客服务”的价值观，但是每当临近年终，他又只过问财务状况而把顾客服务的事情抛在一边。这种做法明显是把财务目标放在首位，因此毫不奇怪，组织里几乎没有人认同这种只做表面文章的价值观。

第二个例子来自一家大银行，高级管理层经常宣称，为了适应不断变化和日益激烈的竞争环境，应该更富有创业精神。但是公司在制定预算时，对新项目的要求与已有项目一样，都要在资金回报和成本增加方面达到同样的目标。毫无疑问，在这样的公司里，你几乎找不到真正的创业精神。

为了建设强文化，高级管理层必须让大家相信，他们在推行价值观方面目标明确、始终如一。任何与公司推崇的价值观不一致的表现都会削弱文化的力量。

在本书的第二部分，我们会详细探讨企业如何不断适应经营环境的变化，从而避免强价值观的陷阱和风险。但在这里我们想强调的是，组织中每个人对于价值观的了解以及对其重要性的认识会使价值观渗透到企业的日常活动中。

怎样才能使价值观在公司里得到分享呢？通过对企业文化中的其他因素的强化可以达到目的，但最主要的方式来自文化的带头人——企业中的英雄人物。

第3章

英雄人物：企业中的开路先锋

如果说价值观是文化的灵魂，那么英雄人物就是这些价值观的人性化体现和组织力量的缩影。在强文化中，英雄人物处于关键位置。就像穿着细纹衫的约翰·韦恩（John Wayne）和伯特·罗纳德（Burt Reynolds），他们塑造的英雄一直被员工效仿。英雄是一个大马力的火车头，是一个魔术师，是人们在遇到困难时都会依靠的对象。他们有着坚定不移的个性和风格，他们所做的事情人人都想做而又不敢去尝试。英雄是一种象征，他们的行为超乎寻常，但离我们并不遥远。他们常常以戏剧化的方式向我们展现，成功的理想在人们力所能及的范围之内。

与好莱坞的票房相比，美国企业的董事会议里更需要英雄人物。英雄主义是一种领导力的要素，却几乎被现代管理理念遗忘。从20世纪20年代起，企业界一直被这样的管理者统治着：他们是理性主义者，他们制定战略规划、书写备忘录、设计操作流程图。但这里我们谈论的不是优秀的“科学”管理者。管理者的作用是使企业运转起来，而英雄人物则创造了企业。

管理者首先要具备的素质是坚决果断，但英雄的特点通常不是果断，他们都有敏锐的直觉，他们都有远见卓识，而且除了一项决策——一件事是否与他们的远见和梦想一致——之外几乎不作其他的决策。管理者总是匆匆忙忙，而英雄却悠然自得，因为他们在创造时间。管理者凡事按部就班，英雄却喜爱不断尝试。管理者循规蹈矩，英雄却无拘无束，他们崇尚声势浩大的宣传——对卓越业绩进行奖励和庆祝。管理者和英雄都热衷于具体细节，但管理者会把时间用在修饰那些数字上，英雄却会去修理一座花园，使它看起来恰到好处。

管理的规范是做事符合规则和程序，使事情井然有序。英雄在追寻自己的梦想时，经常会冲破规则。而这违背了管理的准则：如果没有把握是否行得通，那么你就什么也别干。所以，虽然企业确实需要管理者以使“火车”正点运行，但它更需要英雄提供前进的动力。

既然在企业生活中英雄如此重要，为什么我们却很少听到他们的故事？也许在管理领域，英雄越来越不重要了，但在一个企业内部，员工们总是敬重那些是理想和抱负化身的人物。人们并不渴望成为“优秀的”“成功的”“聪明的”“高产的”人，无论管理层如何鼓励人们朝着这个方向努力。但是，他们会有激情使自己更像某个人，“他不过是个普通人，但你看，他是多么成功！我也可以像他那样成功”。当员工试图寻找个人追求与企业目标之间的现实联系时，就会选择英雄作为榜样，把他们在日常生活中各种细小的成功行为作为标杆。今天，只有最了解文化内涵的管理者，才会认识到这一点，并在实践中充分利用。

一些英雄是“天生”的，并成为美国企业传统中的一部分，例如托马斯·沃森和 IBM，威尔·杜兰特和通用汽车公司，约翰·D. 洛克菲勒（John D. Rockfeller）和标准石油公司（Standard Oil），赫莲娜·鲁本斯坦（Helena Rubenstein）和以她的名字命名的公司，亨利·福特（Herry Ford）和福特汽车公司，皮埃尔·杜邦（Pierre Duport）和杜邦公司，玫琳·凯·阿什（Mary Kay Ash）和玫琳凯化妆品公司，肯·奥尔森（Ken Olsen）和数字设备公司，戴夫·帕卡德（Dave Packard）和惠普公司，吉姆·特雷比格和坦德姆公司。

但是，天生的英雄毕竟数量有限。美国企业中存在的大部分英雄是我们称为后天造就的英雄。他们是普通人，只不过被同伴选定，对其行为中的某些方面进行表扬。强文化公司充分利用了这种自然现象为自己服务，如每月销售明星、资深的总裁发言人、在研发实验室中有独立见解的科学家等。

本书作者之一最近亲眼看见了一家公司选定自己英雄人物的过程。这是一家尚处于筹建阶段的高新技术公司，公司在开业之前需要完成各项准备工作，但创始人首先做的是选择一位英雄人物。经过讨论，他们任命了一位卓越的发明家作为新公司的总裁。之所以选择他而没有选择一位高级财务人员或一位精力充沛的营销人员，是为了向外界传递这样一个信息：在这家新公司中，“发明是关键”。公司是这样让新的英雄人物亮相的：他们给他配置了一间私人实验室，并在那里邀请员工和朋友们一起参加庆祝活动。这位发明人主持庆祝活动时，在计算机上轻轻按了几个键，一个机器人突然出现在众人面前——它穿过房间并打开了空调。对外人来说这不过是个热闹的场面，但它实际上表明了公司对技术的坚定信念，更重要的是公司对新英雄及其所代表的发明能力和进取雄心的信念。创始人解释说，他们思考的是有 700 名员工的公司规模，而不是目前 7 个人的规模。他们希望每个新员工都能意识到，在实验室走来走去的都是发明英雄，从而完全理解公司的发展目标。

英雄的影响

无论是亨利·福特那样的天生的英雄，还是像年轻的发明家那样的后天造就的英雄，他们都强化了文化中的基本价值观。

使成功有可能性，也有人情味

IBM 公司最近一期的内部刊物《思考》中，有一篇关于乔·麦克洛斯基（Joe McClosky）的人物介绍，他是西雅图分公司一位经验丰富的打字机销售员，而且连续 30 年一直是百分百俱乐部（Hundred Percent Club）的会员。通过颂扬麦克洛斯基这样的老牌销售员，IBM 公司告诉那些年轻的销售员：这就是你们学习的榜样。在员工激励方面，麦克洛斯基的影响显然强于备忘录上记载的销售额的最新增长。

提供榜样

理查德·A. 德鲁（Richard A. Drew）是一个从五弦琴学院退学的学生，20 世纪 20 年代，他在 3M 公司的研究实验室工作时，答应帮助同事解决胶带方面的问题。不久以后，杜邦公司推出了玻璃纸（cellophane），德鲁觉得他可以比杜邦公司做得更好，于是在玻璃纸上涂了一层无色的黏合剂，以把东西粘在一起，透明胶带就这样诞生了。按照 3M 公司的传统，德鲁自己管理着这项发明的开发和最初的生产，他不断得到升迁，最终成为公司的技术主任。他让其他员工明白，在 3M 公司怎样做会取得成功。

玫琳·凯·阿什是玫琳凯化妆品公司的创始人，她相信自己应该是员工们看得见、摸得着的榜样。她告诉销售人员，不仅要代表自己，更要相信她们自己就是玫琳·凯·阿什。为了鼓励她们具有与自己同样的自信心，她送给员工大黄蜂形状的钻石别针作为奖励，并解释说，按照空气动力学原理，大黄蜂的翅膀太弱以至于不可能带动笨重的躯体飞起来，然而大黄蜂并不知道这些，它们依旧在四处飞翔。这些话要传递的信息非常清楚：任何人都能成为英雄，只要他们有信心、有恒心、不断尝试。

对外作为公司的象征

李·艾柯卡（Lee Iacocca）传递了克莱斯勒公司也能生产出福特野马（Mustang）汽车的希望；弗兰克·博尔曼（Frank Borman）致力于告诉世界，美国东方航空公司（Eastern Airlines）的服务是可以信赖的；弗兰克·珀杜（Frank Perdue）试图像宝洁公司命名香皂那样来命名他的鸡。我们并没有比较过珀杜鸡是否更鲜嫩，但珀杜自己做了大量的工作使消费者相信确实如此。

留住企业的独特魅力

还有谁比托马斯·爱迪生和查尔斯·斯坦梅茨更像英雄，更能体现通用电气公司工程师的形象？这两个人都为科学的进步作出了巨大贡献。通过对这些巨人的不断回忆，通用电气公司的精神不断鼓舞着新一代的工程师和科学家。

树立绩效标准

当埃德·卡尔森（Ed Carlson）接管陷入困境的美国联合航空公司时，公司内部官僚作风严重，几乎无法正常运转。卡尔森知道他必须激励每个人，甚至包括行李搬运工。他走马上任后，在第一年里行程达 186 000 英里，检查航空公司设在各地的营业网点。每到一处，卡尔森都会告诉大家航空公司管理层发生的变动，并鼓励他们在自己的职责范围内做出他们认为最有利于公司的事情。

原《纽约时报》记者、作家盖伊·塔里斯（Gay Talese）这样描述该报创始人阿道夫·奥克斯（Adolph Ochs）。有一次《纽约时报》的编辑们因为成功报道了一个重要事件而庆祝时，阿道夫·奥克斯沉默地坐在那里注视着大家。突然，他让大家安静下来，说他在另一家报纸的报道中读到了一个细节，而这一点似乎被《纽约时报》遗漏了。他对大家说："我要的是全部细节。"

激励员工的积极性

通用电气公司 CEO 杰克·韦尔奇曾是"新生力量小组"的负责人，在其办公室里有一部特殊的私人电话。他的小组中的所有采购人员均能通过这部电话联系到他。如果采购人员从某个销售商那里得到价格上的让步，就会通知韦尔奇，电话可以直接打进他的办公室。此时，无论他是在谈一笔数百万美元的生意，还是在与秘书闲聊，都会放下手中的事，拿起电话说："真是个好消息，你把每吨钢的价格又压低了 5 美分。"然后，他会马上坐下来给这个采购人员写一封贺信——这种激励方式意义十分深远。韦尔奇通过这种象征性的行为不仅使自己成为了英雄，而且使每个采购人员都成为了英雄。

也许最重要的是，英雄人物提供了一种“组织内部的持久影响力”。托马斯·沃森、查尔斯·斯坦梅茨、约翰逊以及威廉·普罗克特的价值观，至今依然是聚合他们所创立的组织的“黏合剂”。《纽约时报》刊登的一则奥克斯最喜爱的故事至今仍在流传。故事讲的是中世纪的一位旅行者在路边遇到三个石匠，依次问他们在干什么。第一个人回答“我在凿石块”，第二个人回答“我在建基石”，第三个人却说“我在建教堂”。《纽约时报》的力量就在于体现这样一个事实：它的员工都是“教堂的建造者”，而不仅仅是“石匠”，这正是奥克斯所鼓励的。

是管理者，却不是英雄

与奥克斯相反，执掌国际电话电报公司（ITT）的哈罗德·吉宁（Harold Geneen）则是一个奋斗与理性并重的管理者。当吉宁接手 ITT 时，它还是一个缺乏生气、不知何去何从的小公司。吉宁这个被大多数人视为优秀人物的人，建立了一套竞争的管理体制，给 ITT 注入了新的活力。这种设计是为了刨根究底地找出“雷打不动的事实”，从而在此基础上建立合理的经营计划。为此，吉宁首先把公司分解成多个独立运营的部门。然后，为了让这些部门的管理者交叉互评，吉宁建立了一套精心设计的、财务取向的汇报系统和强有力的、积极进取的核心领导班子。

吉宁管理程序的基础是每月一次的部门总结会，所有人必须到会。

有大约 150 人参加会议，大家在一个长方形的装有麦克风的会议桌前就座。部门经理要汇报他们的工作成果，然后回答那些目光犀利的核心领导班子成员提出的连珠炮式的尖锐问题。在整个提问过程中，吉宁会静静坐在桌子前面，看着这些经理们表现出不确定或无法有力回应。由于他的勤奋工作和很好的记忆力，吉宁完全掌握着实际情况。所以，一旦部门经理有不确定或无法有力回应的情形出现，他常常会接过话题，把他们驳斥得体无完肤。追求“雷打不动的事实”是如此折磨人，以至于很多年长的人也会因受不了这种压力而流泪。

通过这种独特的管理体制，吉宁获得的成功是不可否认的。他在位期间，ITT 成为了一个在美国企业界发展最快、盈利最多的公司。然而，吉宁刚刚卸任，企业界就流传着这样一个故事：他的继位者莱曼·汉密尔顿（Lyman Hamilton）立即锯短了那个声名狼藉的长会议桌，用来召开他自己的“小圈子”会议。据说，他原封不动地留着锯下的那部分桌子作为时过境迁的象征。我们向汉密尔顿（9 个月后他被吉宁撤了职，另外的董事会成员接替了他的工作）询问过这个问题，他回答说：“从无此事。”但是，这样的故事能广为流传（尽管它并不真实），本身就可以说明吉宁在 ITT 建立的文化的特点。

若干年以后，ITT 的故事又有了变化，吉宁广为人知的成功却很难在他的继承者身上体现出来。结果，ITT 开始走下坡路。媒体现在更多关注的是管理层犯下的大错而不是他们的成功。老百姓读到了吉宁“执政”期间 ITT 的高层经理海外受贿的报道，他们在吉宁体制的压力下不得不通过这种手段求得生存。

由于受到竞争价值观的引导，诸如吉宁这样的管理者一定要赢得胜利。吉宁是位优秀的管理者，但他肯定不是英雄。英雄恰恰相反，他们受创造动机的驱动，会通过在整个组织中传播一种责任意识来激励员工。每个人都会为达到可以明确看得到的目标而努力。人们承担风险的能力越强，创造力就越强，也更加持久，更愿意接受长期成功的价值观，对组织的运作承担更大的个人责任。这样的员工会把个人的成就视为公司的成功。吉宁的竞争价值观无法像托马斯·沃森的创造价值观那样长久地存活下去。吉宁把他的下属批评得体无完肤，而沃森只有在自己能够支持他们时才会批评他们。沃森的英雄主义在他去世几十年后的今天仍然激励着 IBM 公司的员工。

天生的英雄

在许多公司中，一些英雄是被创造出来的，就像好莱坞一样。但还有一些英雄是“天生”的，我们把他们称为具有远见卓识的英雄，他们不断影响着后代。例如，亨利·福特、约翰·D. 洛克菲勒，威廉·凯洛格，哈利·普罗克特，以及其他一些创建了美国企业巨头的人。这个国家的企业家精神培养了他们；反过来，他们又成为这种精神的象征。

这些梦想家的成功，不仅在于他们创建了一个组织，而且在于他们缔造了一个能生存下来并将个人的价值信念传递给世界的机构，他们的梦想和远见改变了企业通常的经营方式，而且这种影响还在不断扩大。在通用电气、宝洁和 IBM 公司工作的人们分享着托马斯·爱迪生、普罗克特和甘布尔、托马斯·沃森的价值观，虽然这些英雄已故多年，但他们的“精神”依然活在他们的企业中。这些英雄在企业文化中具有极大的象征作用和神奇力量。事实上，他们在今天作为领导的象征，却以一种奇特的方式成了完美的英雄形象。自从他们去世后，日常生活的现实就无法再对他们的形象有任何损害。

包含这些英雄人物的历史故事在一代又一代的管理者中口口相传。让我们来看看 IBM 公司的创始人托马斯·沃森的例子。沃森当时已经进入 NCR 公司的高级管理层，却在 39 岁时意外被公司解雇。那时他刚结婚不久，在度过了八九个月漫长而艰难的失业生活后，考虑到自己经验不足，他进入了电脑制表记录公司（Computer Tabulatory Record Company）。在最初 6 年里，沃森不得不作为董事长（这家公司的创始人，同时也是财务人员）的副手，执行后者的战略决策，迎合后者的奇思怪想。但沃森在公司能够做些什么上从未迷失过方向。当他的上级年事已高，而他又赢得了上级的信任从而能够自主地管理组织时，他开始使公司向 IBM 转型。

若干年以后，他的持之以恒以及他对自己的信心和坚定的信念又一次帮了他的忙。当时，美国正值经济大萧条时期，大批员工失去了工作。而沃森却开始招聘销售人员，不管是在哪里碰上的都会被雇用。当别人问他为什么这样做时，他说："这是我的个人爱好。"其实他相信，虽然美国处于经济大萧条时期，但更多的销售人员会带来更高的销售量。虽然当时的种种迹象表明事实并非如此，但随后的事实证明他是对的。

威廉·凯洛格是另一位富有远见卓识的成功英雄，很少有人知道我们今天吃的麦片最初竟来自疗养院的厨房。凯洛格曾经受雇于他哥哥约翰·哈维·凯洛格（John Harvey Kellogg）医生，帮助后者经营巴特克里疗养院（Battle Creek Sanitarium）。凯洛格医生让他这位 35 岁的弟弟天天干 20 个小时单调乏味又不那么体面的工作。当他外出开会时，会让威廉等在门外直到会议结束，然后再让威廉连夜开车送他回家，即使第二天清晨 5 点还要赶回疗养院也得如此。

威廉就这样干了 20 年的体力活，最后他和哥哥约翰闹翻了。约翰是素食主义者，也是一位健康食品方面的奇才。他们兄弟两人为改善疗养院病人的饮食状况，进行了长期实验，并通过实验发明了一套早餐麦片的加工过程，原料起先是用小麦，后来又改用玉米片。威廉意识到这些发明具有潜在的商业价值，于是想成立一个公司为更大的消费市场提供服务。约翰却不同意。经过几年的争执，威廉最终违背了哥哥的意愿，成立了巴特克里烘烤玉米片公司（Battle Creek Toasted Corn Flake Company）（威廉最主要的竞争对手之一鲍斯特，曾经是该疗养院的一位病人）。投产 6 个月后，一场大火吞没了工厂，威廉只得从头再来。12 个月后，约翰的疗养院也被大火烧毁。威廉又回去帮助哥哥，只有晚上才回到玉米片公司工作。尽管遭遇了众多困难，威廉·凯洛格仍然继续着他的玉米片生产，这为他的公司日后成为美国最大的企业之一奠定了基础。

在通用电气公司的赌注型企业文化中，查尔斯·斯坦梅茨是最伟大的一位英雄。他是一个跛脚的奥地利移民，年轻时来到美国并在爱迪生的实验室工作，以后一直追随着爱迪生。他负责的几十项技术发明至今仍在通用电气公司和其他公司中应用。但他之所以受人尊敬，还有其他的原因。每当年轻的工程师加盟通用电气公司时，斯坦梅茨都会邀请他们周末到家里做客，以了解他们是哪种类型的人。他的态度总是诚恳的，不带任何政治偏见。他曾经把公司中一名卓越的工程师收为干儿子，这位工程师的全家都搬进了斯坦梅茨的住处，与他一起生活了

20 年。

这些故事都与通用电气公司支持和稳健的文化密切相关，它要求人们平等相待。斯坦梅茨曾经声称自己爱读神话故事，因为他发现它们比科学著作蕴涵着更多的智慧。如果换了别人说出这种话，会让人觉得是无稽之谈，然而由于是斯坦梅茨，这不仅可以接受，而且可能会被效仿。

诸如沃森、凯洛格和斯坦梅茨这样的故事在丰富的文化中均服务于一个明确的目标。它们体现着文化的价值观，传承着有关企业成功与企业激励方面至关重要的内容。具有远见卓识的英雄都具备某些特点，使他们在组织机构中以传奇的方式存在下去，进而成为人们效仿的榜样。其中最显著的特点是——他们总是正确的，无论是在新产品方面、企业经营的新方法方面，还是全新的组织方面。进一步来说，他们总是轰轰烈烈地正确着。在很多情况下，正是他们的观念和远见使美国开拓出全新的组织和事业。这些英雄验证了一句老话，“一事成功，事事顺利”。

其次，这些英雄是执着坚韧的。的确，他们痴迷于把自己的梦想变成现实。1908 年美国正处在经济衰退时期，虽然一个买主也没有，但威尔·杜兰特仍在继续生产别克轿车，这种冒险使得羽翼未丰的通用汽车公司几乎破产。但当 1909 年经济开始复苏时，那些未曾卖出去的汽车很快就被销售一空，并且使公司在汽车市场上独占鳌头。英雄的观念常常与常规惯例背道而驰，就像经典文学作品中的英雄都会和怪物厮杀，要克服艰难险阻一样。这些英雄的奋斗故事增加了他们的个人魅力，并使他们的成功过程蒙上了一层神秘色彩。

这些具有远见卓识的英雄人物的第三个特征是，有一种要使企业不断成功的责任感。沃森曾说过：“你必须全心全意扑在企业上，而且要把企业牢记在心中。”这不仅是一个痴迷的工作狂的誓言，更是一个缔造企业的个人英雄的忠告，而且它所代表的意义和企业成功本身一样重要。

约翰·帕特森是沃森在 NCR 公司时的导师，在他身上体现出了远见卓识的英雄对企业持续成功的责任感。帕特森花 5 000 美元从一些投资者手中购买了一种新型设备——现金出纳机的销售权，并开始经营 NCR 公司。购得这些设备的销售权后不久，他又想退回去，但遭到了拒绝。因此，要想收回自己付出的资金，帕特森就只能使企业经营成功。

19 世纪 80 年代，当帕特森开始经营他的企业时，商品主要是靠流动的货郎销售的。那些衣着鲜艳的货郎骑着马或赶着车在乡间漫游，推销那些分给他们的产品，并获得佣金。[①] 帕特森注意到这样一个现象：所有的货郎推销现金出纳机都不很成功，但只有一个人例外。不知什么原因，这个人总能把送货这件事做得很好。

为了找出这个人成功而其他人失败的原因，帕特森跟随这个人一起去旅行，观察、记录和学习他的推销技巧。然后，帕特森创立了一所学校，专门培训推销员，要求他们记住一些技巧。同时，他对销售人员的业绩进行统计，并首创了销售竞赛、百分百俱乐部及销售会议等方式。帕特森花了 40 年时间进行销售方面的研究，并将经验传递给他的员工队伍。而他的得意门生托马斯·沃森在 IBM 公司对这些经验的再度扩展，则是出乎帕特森意料的。

帕特森也是意识到下属重要性的早期企业家之一，他又一次亲自过问这些问题。NCR 公司成立之初，向英国出口了价值 5 万美元的现金出纳机，但这些机器运抵英国后却不能正常运转。为了寻找原因，帕特

---

① 今天很少有人知道托马斯·沃森也是从一名货郎开始做起的。

森将他的办公桌搬到了车间，经过几周的观察，他发现恶劣的工作条件损害了工人劳动的积极性。为了解决这个问题，他彻底清理了工厂，安装了专门的盥洗设备和室内厕所，还开办了一个员工食堂。当帕特森在 19 世纪 90 年代做这些事的时候，还没有几个人想到要这样去做。

通过善待员工并向他们灌输一种持久价值观，可以使企业强大起来，并使这些具有远见卓识的企业家区别于其他管理者。即使在这些英雄离开之后，他们所灌输的价值观也依然存在。这些英雄的价值观和行为取向在他们缔造的公司中生根发芽，并以一种人性化的方法触及每个工人。本书的一位作者与通用电气公司有过合作，当他坐的车经过通用电气公司实验室（一栋老式建筑，查尔斯·斯坦梅茨曾在这里做实验）时，司机指着这栋建筑说："有时候我会有一种感觉，我能看到那里仍然亮着灯，斯坦梅茨仍在忘我地工作着。"对于这名司机以及其他从未见过斯坦梅茨的人来说，斯坦梅茨仍然具有一种强大的影响力，并且被看做一个对创造力的坚定不移的提醒者，而这种创造力正是该公司的文化核心。

即使在今天这个复杂而又细化的世界里，具有远见卓识的英雄仍然不断涌现，他们通常与早期的英雄人物有着同样的特点。这些人在今天继续创造着组织机构，有时甚至是新兴产业，尤其是在高科技领域。肯·奥尔森和他的同事思考着今后的计算机应该比当时流行的计算机更小巧、更便宜、更有用。结果，他成立了数字设备公司，并一手开创了微型电脑行业。我们已经介绍了吉姆·特雷比格和坦德姆公司，下面再讲讲玫琳·凯·阿什。她是一位家庭主妇，她克服了严重的关节炎并开创了迄今为止最成功的上门推销业务。"你一定能做得到"是她的化妆品公司的价值理念。这家公司已成为全球最大的由一位女性领导的企业。奥尔森、特雷比格和阿什会像沃森那样具有持久的影响力吗？只有时间能够回答这个问题。

当代工业比以往任何时候都需要富有远见卓识的英雄人物，其原因是不仅要建立一个新世界，而且要发现更好的契机。底特律太需要一位这样的英雄来完成一个听起来十分简单的任务——制造更加价廉物美的汽车。也许这种英雄的出现只有一条途径：通用汽车公司或福特汽车公司的高级经理们能像约翰·帕特森那样，把他的办公桌搬到车间去，不管是实际如此还是象征性地如此。

与生活中的其他地方一样，企业中富有远见卓识的英雄人物都属凤毛麟角。如同历史上英勇的将军和政治家，只有当人们最需要时才会出现。但是，由于英雄在组织中的作用如此重要，以至于强文化公司常常决定不能坐等机遇的到来。如果英雄不能与生俱来，那么人们就要塑造出一个来。

后天造就的英雄

美国最成功的一些企业非常相信英雄的作用，它们常常会精心地塑造他们，我们称这些人为“后天英雄”，因为他们通常是在特定的企业环境中产生的。虽然他们能在适当的环境中持续多年，但总体来说还是某一具体时间段里的英雄。沃森是 IBM 公司富有远见卓识的英雄，他每月评出的销售之星则是后天造就的英雄。这两类英雄企业都需要。具有远见卓识的英雄为全体员工指明了前进的道路，但他们的影响是广泛的和理念层次上的。后天造就的英雄则以他们在日常工作中的成功故事鼓舞着其他员工。

公司里的英雄和战场上的英雄一样。有时，那些冲锋在前并自以为是的人并不是真正的英雄，他们只是偶然出现的。真正获得奖章的英雄是那些在恶劣环境中做出不平凡举动的人，他们体现了文化中的成功价值取向。公司通常给英雄佩上“紫心”勋章，授予他们“年度优秀编辑”或“地区经理之星”之类的称号。公司或是奖励一位做成了一笔大买卖的人，或是宽容一位反抗传统的人（或许他大胆无礼的行为是为了打破僵局）。想得到职责和权力的员工常常盯着这些英雄看，新员工会这样问老员工：“我该怎么做?”老员工回答说：“看看查理，他正在步步高升呢。”此时，查理就成了员工心中的英雄。

强文化公司对于确立和塑造英雄十分在行。很多公司会在自己的核心工作岗位中选择潜在的英雄候选人——这些工作岗位正是企业文化的核心所在。当人们看到什么样的工作岗位可以造就英雄时，便会充分发挥自己的主观能动性。他们知道公司对自己的期望是什么，因而富有创造性。经过一段时间之后，公司便会充满生机、蒸蒸日上。因此，找到这样的岗位并增加它们的清晰性是英雄塑造过程中的一个必要条件。

遗憾的是，对这种影响具有敏感性的公司并不太多。今天，太多公司找到的却是不合适的人员，因而在企业文化中发出相互冲突的讯息。20 世纪 60 年代是联合企业的年代（age of conglomerate），那些手握铅笔的财务人员有着得天独厚的条件。70 年代是战略规划的年代，那些张口闭口“明星”“瘦狗”“现金牛”之类术语的 MBA 占据了公司的高位。这其中存在的危险是很明显的，企业要想成功，就必须停止这种赶潮流式的提拔方式，而代之以提拔那些能体现企业文化中核心价值观的人。

在宝洁公司，品牌经理和哈佛毕业的博士一样受到尊敬，那是年轻人向往的工作。在 IBM 公司，形成企业文化的有效范式就是从数千名新员工中挑选出一些人进入快速通道，让他们担任为期一年的高层经理助手。很明显，他们中的每个人都是英雄人物的候选人，在这一年的工作中，这些未来的英雄负责回复客户的投诉信。这难道不是莫名其妙的奖赏吗？其实不然，这种做法的作用看起来不那么明显，实际上它增强了这些新员工的敏感程度：IBM 公司把客户服务看得至关重要。服务是 IBM 公司的一项重要内容，也是年轻的英雄绝不能忘记的事情。同样，在通用电气公司，总经理是一种很高的荣誉。而这个职位的价值原则是：总经理能够应对任何局面。

员工并非必须成为领导者或者年轻人的榜样才能赢得英雄的荣誉。强文化公司会无处不在地创造英雄。IBM 公司内部刊物《思考》上的这样一句话，说的就是这个例子："当你看到这些愉快的面容，你还以为他就是那个为灰姑娘穿上水晶鞋的王子，而实际上，他不过刚刚给最近订购的客户送去了一台便携式打字机。"这段文字使销售员唐·麦克洛斯基成了英雄，并成为公司高度推崇的百分百俱乐部的会员长达 30 年之久（只有那些持续完成定额的 IBM 员工才有资格加入该俱乐部）。其中的奥妙何在？IBM 公司总是精心地确定其销售定额，从而使大约 80％的人成为俱乐部会员。

局外人可能会质疑这种看似简单的奖励方法。其价值就在于能产生更多的英雄，IBM 公司热衷于宣扬麦克洛斯基第一次进入俱乐部的经历，他在最后一分钟收到了一份意想不到的 8 台打字机的订单。如果你在 IBM 公司干得不够顺利，就可以想想麦克洛斯基。如果他能做到，那么你也能。想想作为英雄的麦克洛斯基带来的示范效应，再对比一下公司政策备忘录上提倡的坚韧不拔的美德。对于何者能激励推销员们销售更多的打字机，答案不言而喻。

强文化公司不仅认可和奖励英雄在组织中的地位，同时也培养某种类型的人，使他们成为英雄。在激发员工的想象力方面，也许任何后天造就的英雄都比不上那些特立独行者，如比利小子、巴顿将军以及心地善良的捣蛋鬼们。当公司的现有价值观面临挑战、需要某种创造力时，这样的英雄人物是非常必要的。这些叛逆者往往揭示了组织中比较阴暗的一面，他们怪诞的举止会放松大家紧张的情绪，并有助于人们深入了解公司，明确哪些地方需要改变。

20 年前 IBM 公司的一位叛逆者因驾驶自己的哈雷摩托车进入研究中心而出名。要知道这个研究中心通常比太平间还安静。正当研究人员忙于工作时，他驾驶着摩托车轰隆隆地来到走廊。但 IBM 公司并没有解雇他，不仅是因为他十分擅长自己的工作，更重要的是他对公司很有用，因为他可以像避雷针一样舒缓人们紧张的情绪。总体来说，研究员们很喜欢他，因为他是个狂人，他们羡慕他能做一些大家想做却不敢做的事情。

叛逆者常常行为古怪，但工作能力很强。他们会故意违反文化准则，但同时又显现出过人的聪颖。他们能达到公司的基本要求，以保证自己在这种文化中生存下去。缺乏能力的人与违反规则的天才之间的区别就在于他们的行为。罗伯特·汤森（Robert Townsend）经营安飞士汽车租赁公司（Avis）时，就是位叛逆人物。他身为 CEO 却行为古怪，竟然给自己放了半年的假。不久，他又向媒体透露 CEO 们常常无所事事，只得去打高尔夫球。当然，汤森对自己所做的事情一清二楚。他在自己逍遥自在时，却要求他的数千名下属勤奋工作。

另外一位叛逆人物是个年轻的发明家，他不喜欢在宽敞而缺乏个性的办公室里工作，于是把他的办公室搬到其所在办公设备公司中小一点的房间里。他也不满足于整天待在那儿。晚上，他和同伴悄悄溜回工厂"偷"零件，因为他们不想让别人知道自己在研制新产品，虽然实际上他们的确在这样做。他们不久便为公司开发了一个完整的新产品系列。更令人难以置信的是，在此后的4年里，公司推出的新产品中一半以上都出自这位年轻的工程师及其同伴之手。他是一位能把愿望变成现实的真正英雄，尽管这个英雄依然被公司中的主流工程管理者看不起。

虽然听起来可能会觉得不可思议，但精明的管理者们常常会培育一些叛逆者。在IBM公司，高级管理层设立了"IBM员工方案"（IBM Fellows Program），以使优秀的技术人员摆脱组织的束缚。由于周围的白领太多，因此公司显得过于严谨和规范。在这种保守的壁垒中，管理层通过这一方案以系统化的方式鼓励叛逆的英雄，其手法与在这个高度结构化的公司中做其他事情完全一样。刊登在《新闻周刊》的广告中描述了这个方案，显示出IBM公司对于追梦者、异见者、讨人嫌者……的感情。

IBM公司后来雇用了这样一位叛逆者，他在加利福尼亚州拥有两个酿酒厂，喜欢玩模拟战争游戏，并拥有微电子专业的博士学位。他经常敞着衬衫领口，脖子上挂的金项链一直垂到腰部。IBM公司给他1 000万美元的预算，随便他怎样花，但要与4 000多位工程师保持密切的关系。结果，50位叛逆英雄被有意识地精心培养出来。他向全体员工灌输了"想法最重要"的价值观，并告诉人们，只有创造型人才才会做出不同寻常的贡献。得州仪器公司（Texas Instruments）和其他强文化公司中也有类似的情况。

强文化公司高度推崇叛逆人物，他们使公司不断发展和进步。正因为懂得了这一点，公司经理通常把他们安置在需要高度创造性的工作岗位上，或任命他们为研发部主管。在强文化公司中，虽然叛逆人物对事物常有不同意见，但他们始终认同公司的价值观。但在弱文化公司中，这种人常常可能不认同这种模糊或自相矛盾的价值观，转而反对这些价值观并成为告密者。由于这些告密者受到主流文化的排斥，他们会加入到与主流文化相对抗的亚文化中去，这就是约翰·Z. 德洛雷安（John Z. DeLorean）在通用汽车公司面对的困境。当 20 世纪五六十年代通用汽车公司的文化处于强势时，德洛雷安作为一名叛逆者还能被容忍，他的工作也十分出色。但后来，当该公司的文化摇摇欲坠时，德洛雷安辞职了，并与人合著了一本抨击该公司经营活动的书籍。

第二类后天造就的英雄是指南针式的英雄。如果一个公司处于必须变革的境地却又没有合适的榜样，那么，优秀的管理层就必须找到这样一个榜样，让他在公司扎下根来，并把他培养成英雄人物。通过这样做，高级管理层表明的含义是：未来公司会变得更加进取或更加谦恭，总之是要进行变革。通过树立新的英雄所传递的信息比其他任何方式都要多。

若干年来，AT&T 公司培养和发展的是那种平凡、内敛和随和的人，人们称其为“贝尔人”。他们中的所有人，甚至是职位很高的管理者，都必须向那些能迅速装卸电话并保证其质量的维修工人学习，即使这中间的很多内容并不能为公司带来利润。当电信行业管制被解除时，AT&T 公司的员工需要立即学会如何在新型的竞争环境中开拓市场。于是，阿奇·麦吉尔（Archie McGill），IBM 公司的一位前任高层经理，被任命为负责市场营销的副总裁，并且成为一位指南针式的英雄。

他一直在竞争的环境中打拼，因此他的经营之道与 AT&T 公司的传统规范大相径庭。据《华尔街日报》报道，麦吉尔和他的同事向传统经营方式发出挑战，他们正在跨越旧的组织体系，麦吉尔在 AT&T 公司脱颖而出。AT&T 公司通过雇用麦吉尔，不仅引进了新技能，而且树立了一个崭新的方向标。

固执式的英雄则与指南针式的英雄恰恰相反。大多数公司都推崇持之以恒的美德，而且会美化组织内部那些坚韧不拔的人物。例如，3M 是一个勇于创新的公司。其 CEO 卢·莱尔（Lew Lehr）讲过一位已退休的副总裁在职业生涯中曾被解雇的故事。有一次他坚持试制某种新产品，上级冲他吼道："这个想法太愚蠢了，你给我住手吧！我们已经让你试了一年时间，而这该死的想法还是行不通，所以你干点别的吧！"但他全然不听，于是被解雇了。

但他并没有离开公司，而是在一间闲置不用的办公室里继续试制他的新产品，尽管得不到任何报酬。一段时间后，当他被重新雇用时，依然坚持这个想法。几年以后，他被提拔为公司副总裁，他的想法也最终得到落实，这一发明为 3M 公司带来了一笔意外财富。通过这件事，3M 公司员工记住的是他在"做正确的事"上的不懈追求——这正是新产品开发工作的要求。3M 公司企业文化的一个主要成分就是，做你所坚信的事，并锲而不舍。正如已经退休的 CEO 雷蒙德·赫佐格（Raymond Herzog）所说："如果一个一直十分成功的伙计对我说，他能沿着透明胶带走到月球上去，我就会跟他一起去。"

比恩（L. L. Bean）的缅因狩猎靴造就了一个拥有数百万美元资产的邮购公司，现在有一个真正的英雄在守护着它。比恩的孙子莱昂·戈尔曼（Leon Gorman）拒绝把缅因制服式夹克从比恩的产品目录上撤下来，尽管几年来这种夹克一件也没有卖出去。为什么？戈尔曼的理解是，经久的甚至永恒的产品造就了公司的声誉，因此，他不愿意撤掉这些旧项目或换成新产品。与他的竞争对手 A&F 公司（Abercrombie & Fitch）不同，戈尔曼从来没有走得离缅因狩猎靴和制服夹克太远。无论是员工还是顾客，都可以依赖比恩的文化。

圣牛式英雄们（sacred-cow heroes）拥有自己的一片小天地。每一个公司、每一种行业都会受到他们的影响。学者们面色苍白、不修边幅、组织纪律性不强，银行家们坚定而又固执，高新技术人员则会卷起袖子大干一番。在所有这些文化中你会发现，英雄之所以成为英雄，是因为他们体现了企业文化的规范。他们的穿着像英雄，他们看上去像英雄，并且他们备受大家的喜爱。实际上，应该说他们不是英雄，而是人们崇拜的人物。虽然他们的能力有强有弱，但他们是组织思想的化身。

我们知道这样一家大型的精密仪器制造公司，它从我们所知道的最艰难的行业中生存了下来。在这个行业里，制造一台机器需要数年时间，还得花 5 年时间去证实这个决策是否正确。这里的经理通常坚定而强健，到了 60 多岁仍然如此。

这家公司中有位资深工程师，他被叫去检查一台声音异常的机器。作为专家，他把耳朵贴近机器试图弄清楚异样的声音来自何处。突然，机器发生了爆炸，他的半边脸被严重烧伤，花了好几个月才康复。痊愈后，他很自豪地炫耀着那张被毁容的脸。人们不仅不觉得他可怕，反而因此而尊敬他。那些知识渊博的工程师甚至会谦恭地走进他的办公室，问他是否可以核对一下他们的计算结果。一位工程师说："经历过这种事后，任何人都会知道你做得是否正确。我们深知错误的计算结果带来的后果是多么可怕。"这位资深的工程师不仅是位优秀的管理者，更是位伟大的英雄。不管他今后会有什么样的成就，他的经历都会令他在公司里产生真正的影响。他是一位英雄。

一般来说，圣牛式英雄要么是心智早熟的年轻人，要么是具有政治家风度的老年人。只要经过较短一段时期的出色表现，公司里的年轻人就会受人尊重，被人们视为未来的希望。对于老年人也是如此，人们会把比他们实际做出的贡献更大的功劳归功于他们。

在此有一句忠告：谨防圣牛式英雄掌握公司的大权。圣牛式英雄不会改变现状，因为他们希望任何事情都能一如既往。因此，一旦公司面对危机，他们就会束手无策。只有当公司的长期愿景与当前环境完全相符时，让圣牛式英雄在组织机构中发扬历史悠久的传统才是最佳做法。

是英雄主义，而非领袖魅力

在现实生活中，由于媒体的过度宣传，英雄常常被看做具有领袖魅力的人物，无论是天生的英雄还是后天造就的英雄。领导者发表演说、提出要求、颁布公告，是为了鼓励大家，让大家对他们绝对服从和信任。这并不是美国企业的真情实景，而且根据詹姆斯·麦格雷戈·伯恩斯（James MacGregor Burns）的领导理论，这也不是一种普遍现象。与此相反，英雄人物——例如西尔斯公司的伍兹，以及沃森、福特、洛克菲勒等，并不是具有领袖魅力的人物，他们性格强硬，从不感情用事，常常并不讨人喜欢，他们不是世人所知的约翰·肯尼迪（John Kennedy）总统的类型，而是林登·B. 约翰逊（Lyndon B. Johnson）总统的风格。

不管人们怎样看待约翰逊，但他确实是一位办事效率极高的总统。他建立了“大社会计划”，通过了数不清的法律，改变了国家的面貌。肯尼迪总统则堪称魅力型领导者的典范，然而在他那不幸的短暂任期中，几乎没有什么业绩可言。约翰逊常常把自己看做象征性的榜样，为了达到某种目的，他会假装很为难或很生气。当约翰逊想要说服一位男性议员时，会把他召进办公室并大肆抨击一番，然后又挽着他一起走进洗手间。有一次，他盛情款待他的客人和从前的竞争对手，并讲了一段有关自己牧场生活的故事——仅用了短短的几分钟，他便达到了目的。

最近，这种行为被概括为一句不太入耳的话语：“我就是不太喜欢你。”据《华尔街日报》报道，亨利·福特二世在解释他为何解雇李·艾柯卡的时候就是这样说的，令这位为福特奋斗了 30 年并即将取得总经理职位的老将大吃一惊。福特二世只是做了他想做的事——以一种诚实而坦率的方式。

与当今出版界推崇温和而仁慈的管理者相反，企业需要的是那些关心文化价值观的建立并对组织最急需的东西高度敏感的人。你可以把这种人叫做伪君子，也可以把他们称为英雄。问题的关键在于：那些试图扮演温和角色的现代经理人可能同时在破坏组织文化赖以生存的价值观。当代英雄们可能需要的是强硬坚定而不是细腻敏感，以保证公司向着其目标和愿景前进——这才是使企业走向强盛的首要因素。

沃森承认自己是在 NCR 公司的帕特森手下学会领导艺术的。他形容帕特森是“集圣保罗（St. Paul）、穷理查（Poor Richard）和阿道夫·希特勒的特点于一身的人物”。沃森可以说是一位温和仁慈的上级，但即使对于崇拜他的 IBM 员工来说，虽然沃森令人着迷，但他绝不是位朋友，也不是一个可以愉快相处的上司。

英雄看重的是他们所信奉的信念和价值观，并热衷于向周围的人灌输这些价值观和信念。一方面，这意味着对其组织成员的保护——帮助他们渡过难关，给予他们充分的就业机会，要像一个管家那样负责；另一方面，这意味着无论如何也不允许他们失败。因此，英雄常常倾向于过度反应，甚至有时以一种戏剧化的夸张方式作出反应。

NCR 公司的帕特森使用过一种十分独特的惩罚措施。有一次，他的一位高层经理吃完午饭回来，发现自己的办公桌椅被抬到了公司门口的空地上。当他钻出汽车时，发现自己的东西都被浸透了汽油并被点燃，他赶紧回到驾驶室开车逃走，以免自己也被烧伤。这种告诉你“该退场了”的方式确实不够仁慈。所幸，其他人再没有出现过这位经理的这种过失。

更近一些在组织结构设置上不太成功却具有远见卓识的英雄是宝丽来相机的发明人埃德温·兰德博士。他渴望能把宝丽来未来愿景的精髓传播给公司里的其他人。兰德想要创造一个有利于科学研究的环境，他想让人们自由选择工作。因此，他在宝丽来公司建立了这样一套程序：如果 A 岗位上的员工认为自己也许更喜欢 B 岗位，他可以到 B 岗位上从事为期 3 个月的半天工作，这样下来他觉得满意的话，就可以调换工作；不满意的话，公司保证他可以回到 A 岗位继续工作，而不会付出任何代价。兰德一直坚持这样的政策，他认为开发新产品并得以创收的根本原因在于，创造一个适宜的环境，使人们在其中能自由自在地追求自己喜欢的东西。

随着兰德从宝丽来公司的退位，这一政策也消失了。管理者抱怨它破坏了生产秩序，因为大家都想进入实验室工作。兰德具备这种远见卓识，却无力把它传播给组织中的其他人以及年轻一代的管理者。

实力派领导者习惯于把公司放在首位。就像沃森，他们“把公司牢记在心”，这样就排斥了内心的其他感情。今天的管理者应该把自己作为企业人性化假设的解毒剂。虽然仁慈策略十分重要，但企业文化的目标是至高无上的。

现在正是美国企业界认识到英雄潜在价值的时刻。如果公司能像对待英雄一样对待普通员工，即使仅在短时期内如此，他们也可能最终成为英雄。激励员工是一门复杂的学问，但它的基础十分简单，那就是认可——我们都需要在生活中的某个方面感到自己十分重要。英雄作为人们最佳行为的体现，是企业文化的内容和希望。质量圈、目标管理（MBO）、组织结构图以及其他一些管理概念是非常有用的，但它们无法像英雄那样影响人们的行为。当公司从雇员和雇主中塑造出英雄时，即当我们每个人都在世界的舞台上接受自己的角色责任时，我们便能够消除现代组织中的弊病。

英雄人物是强企业文化中的主角，不过与界定人们如何从事日常工作的一整套行为程序相比，他们只是文化中的一小部分内容。这些程序——企业生活中的礼仪和仪式——提供了英雄人物施展才能的舞台。我们将在下面介绍这方面的内容。

第4章

礼仪与仪式：文化在传递

当批评家们对拿破仑再次设置纯粹象征性的、毫无实用价值的荣誉勋章进行强烈抨击时，他却回答：“你得用一些小玩意儿来鼓励你的人，而不是只说空话。”这听起来有点冷嘲热讽的意味，却揭示了人类的真实本性——成就需要得到认可；反过来，这种认可又会鼓励人们去取得更大的成就。和拿破仑的军队一样，要想使一种企业文化及其体现的价值观繁荣昌盛，就必须举行一些仪式和庆典活动。

但我们都知道，庆祝活动和盛大典礼只是企业生活中的一小部分，尽管它在强文化的企业生活中占据的分量会更大一些。那么，在日常活动中企业文化表现在哪些方面呢？

马文·鲍尔在《管理的意志》一书中指出，管理者的职责在于为员工指明“我们这里的做事风格”。鲍尔的内在假设是，如果你不告诉人们你想让他们做些什么和怎样去做，你就没有理由期望他们能猜到你的想法，就像通过某种神奇的炼丹过程那样。因此，你也没有理由期望他们去做你希望他们做的事。

强文化公司非常清楚这一点。它们通过明确的沟通，让员工知道公司希望他们如何行动。它们制定恰当可行的礼仪标准，使来公司参观或在公司工作的人们在任何地方都能够了解公司对他们的期望。它们把注意力集中在制定做事的程序上，例如制定战略规划和进行财务预算。如果程序不对，则后果是严重的，绝不仅仅是按照程序去做行不通那样简单。它们通常还会给出具体做法或至少是营造工作环境，使员工在其中得到快乐——人们由此感受到自己处在一个功能完善而且全面的社会中。简而言之，强文化公司在企业生活中创立了行为的礼仪和仪式，也就是鲍尔所说的“我们这里的做事风格”，它们生动而广泛地影响着周围的人们。

企业文化中的老英雄们十分注重工作生活中各种仪式之间的协调配合，从录用与解聘，到提供报酬、会议形式、书写规范、谈话方式，甚至主持一次退休晚餐的风格。他们知道仪式的重要性，这些仪式让文化以一种富有凝聚力的方式显现出来。今天的绝大多数管理者十分看重并着手管理的是诸如预算和战略规划这样的正式程序，但他们遗漏或忽视了他们周围的其他内容：文化生活。

强文化公司中没有微不足道的小事。工作环境里发生的任何一件事都值得管理，这些公司以它们的做事方式为荣，并努力工作以证明这种方式是正确的。他们把“通过正确的方式执行活动”视为文化力量的有形例证。以吃早餐为例，你从未见过 IBM 公司的销售员每天早上成群结队地去豪生酒店（Howard Johnson’s）吃饭，因为 IBM 人把自己的时间看得十分宝贵，不会把它浪费在路边的餐厅里。当 IBM 员工想要喝杯咖啡时，他们会和同事或客户一起去。IBM人不会以讨论棒球赛和牛排的价格作为一天工作的开始，而是会关注公司、行业以及他们自己的专业。在假日酒店（Holiday Inns）成立初期，其早餐前的祈祷也有类似的意义。另一家公司中，每周五定期有午餐集会，全体员工会以平等的方式聚在一起吃饭，除非工作安排得太满以至于他们无法这么做。只有在这种亲切的气氛中，才可以谈论一些严肃的话题，而且可以以一种看起来不那么严肃的方式。

在威克特公司（Vector），仪式化的午餐活动还服务于另一个目的。按照该公司总裁和创始人罗尔·哈普（Lore Harp）的说法，“一年前我开始举办这种友谊午餐会，每星期我们会在全公司里传一张签名单，总共可以有9个人在上面签名，与副总裁或我去饭店共进午餐。我每五个星期去一次。”

“之所以要举办这个友谊午餐会，是因为有一天我在生产车间视察的时候，站在那儿看着正在忙着干活的工人，突然想：‘其实，我真是谁都不认识。’我不知道他们想的是什么，是什么促使他们不停地工作。我看着这些年龄在18～30岁的工人，心想：‘上帝啊，他们实际上比我更代表美国。’这些人会选出下一届总统，这些人将会对经济进行重大决策和施加巨大影响。我真想听听他们想说些什么。”

“让他们了解我十分重要，但我更愿意听听他们的感受。了解人们白天在办公室里都干些什么是至关重要的，但还要保证他们不会被视为‘厨房帮工’。”

许多礼节和仪式看上去就像一场普通的庆典活动，但它的意义却十分重大。以一家我们了解的大公司为例，该公司成功地把海军以前的那种拍拍肩表示赞许的仪式改变成了颁发优胜者勋章的活动。如果该公司里有人得到 5 枚勋章，他便有资格获得一个更高的奖项——一份有全美企业协会主席亲笔签名的高级礼物。

颁发优胜者勋章时，公司总要举行一个盛大的庆典。当管理者走进大厅并响起铃声时，所有工作都暂停下来，大家离开自己的工作岗位和办公室，放下手中正在处理的工作，聚在一起。在美妙的音乐声中，管理者宣布将颁发又一枚优胜者勋章："我谨代表在座的各位在这里宣布，这枚优胜者勋章授予________以表彰他在________项目中的出色表现。"这时祝贺声此起彼伏。当获奖者回到自己的办公室时，他便会将勋章钉在墙上。

即使是年薪超过 15 万美元的经理们，也在为获得这些勋章而努力奋斗。优胜者勋章是被认可的象征，而且这一过程中充满的幽默气氛也使它更具有娱乐性而不是竞争性。在表彰优胜者时，公司还会以温和的方式进行自嘲，员工们也不会过于看重这种庆典。但它又的确是相当严肃的庆典，人们十分关注这些表彰。当员工出色地完成了一个项目后，会不由自主地打趣道："我能因此而获得一枚优胜者勋章吗？"优胜者勋章仪式意味着认可成就，它使得企业文化中的每个人都能清楚地了解公司期望的是什么，不期望的又是什么。最终结果是员工们士气高涨。

这类优胜者表彰活动是十分严肃和极其重要的，因为它们是文化的标志。例如，我们有一位同事去拜访了自己的朋友，祝贺他被提升为公司副总裁。当他走进朋友的新办公室时，这位朋友正在往墙上钉一枚"魔术盒"勋章。看到我们的同事进来，他显得有点不好意思地说："这是我第五次将这个东西钉在办公室的墙上，我拥有它太久了，以至于一旦没有了它就总觉得不对劲。”

象征性活动的影响

对文化的建设者来说，优胜者勋章以及游戏、仪式和庆典等其他形式的活动都有着十分明显的作用。

游戏

这是企业生活中富有创造力的一面，它能缓解紧张气氛并鼓励创新活动。虽然它本身并没有特别的目的和规则，但各种形式的游戏（玩笑、逗趣、头脑风暴和制定战略）能将人们联系在一起，并能减少冲突，产生新的远景规划和文化价值观。通过鼓励创新，它有助于企业文化的不断更新。坦德姆、IBM、数字设备公司都会在工作时间里提供许多游戏的机会，例如工作坊、体育活动、啤酒聚会、娱乐、不定期的战略研讨会。

仪式

这种规则在企业生活中指导着人们的行为。事实上，这也是企业的基本文化价值观的现实体现。在每种仪式背后，都有一个体现了文化核心信念的寓意。如果没有这种联系，那么仪式不过是一种惯例，除了给人们以某种安全感和确定性，起不到其他作用。仪式提供了地点和脚本，使员工能够体验其中的意义。它们使混乱回归秩序。IBM、丹纳、玫琳凯、NCR、假日酒店和宝洁公司都让仪式成为企业日常经营活动的一个重要部分，而不仅仅是某一事件发生之后的活动。

庆典

无论文化是华丽繁复的还是简约质朴的，当员工完成了某种里程碑式的工作时，庆典活动都有助于公司体现出对英雄人物、传奇事迹、神圣象征的赞颂。仪式如同习惯，它是日常琐事并被人们视为理所当然的。然而，庆典则是十分不平凡的，它是全公司的“聚焦点”。庆典活动使文化得以充分展现，并提供了那些能被员工铭记在心的经历和体会。任何参加过或听说过宝丽来公司年会或玫琳凯公司全员大会的人都能感受到这些事件本身的冲击力。如果做法恰当，庆典会将价值观、信仰和英雄形象深深刻在员工的脑海中。

仪式的必要性

如果缺乏富有表现力的事件，任何企业文化都会消亡。没有了仪式与庆典，那些重要的价值观就难以对人们产生影响。庆典活动与文化的关系，就如同电影与剧本、音乐会与乐谱、舞蹈与音乐的关系，用任何其他方式都难以很好地表达。

让我们来看看没有学过这门功课的管理者是怎样做的。作为一名年轻的高层经理，他把握着公司的前进方向。由于头脑里满是理想主义，他希望在劳资谈判中结束各种争斗。为了做到这一点，他准备在公司能够承受的最大限度内付给员工工资。因此，他让几个手下研究了公司的薪酬结构及其他相关项目，并对比了与其他公司的差异。在集体谈判的过程中，慈善的光环总是萦绕在他周围。他主动要求发言，笑容满面地说，自己已经决定接受对方提出的要求。

在他的整个陈述过程中，所有的工会代表都愣愣地盯着他，这位高层经理能接受要求大大出乎他们的意料。不过这并不重要，当他讲完之后，工会代表则言辞激烈地指责他试图破坏集体谈判过程并企图收买员工。他们声称不能容忍这种不道德的行为，并立即提出了在这位理想化的高层经理刚刚承诺的工资水平上再加 5 美分的要求。

这位高层经理和很多同龄人一样，忽视了非常重要的一点。集体谈判是一种能帮助双方达成协议的仪式。在这一过程中，形式与结果同等重要。如果没有了这些形式——无论是游戏、庆典活动还是仪式——文化特有的特点也就不存在了。

有些人，例如我们上面描述的这位年轻的高层经理，常常忽略了这一点，或者忽视了在公司日常生活中注重仪式所能产生的作用。和这位年轻的高层经理一样，他们会说："让我们跳过过程，直奔问题的核心。"但是这样做的同时，他们把其他人排除在外，例如上面例子中的工会代表。不仅使其他人被孤立起来，而且使他们在整个过程中毫无作用。有些人对举行如此烦琐的仪式表示不满，但这些批评忽视了一点，即人们普遍认同的基本原则会有强大的影响力。生活在这些基本原则（促进他们与同文化的其他人进行日常交流和商业往来的基本原则）中的员工，会自由地采取各种富有创造力的方式，而不会冒犯别人。就像在一个发展迅速的电脑公司中，财务总监在对管理者进行首次预算培训后所说的那样，"要相信预算，预算会让你轻松自在"。每一个优秀的公司及其管理者都应该懂得，创造一整套仪式和庆典，使文化以具体的形式表现出来，能够带来丰厚的回报。精明的高级经理会充分发挥各种各样的仪式和庆典的作用。

沟通与社会仪式

人际沟通中的不成文规则（让我们称其为“问候”仪式）在企业活动中占有相当大的比例。这些规则一旦被取消，人们就会不知道该如何是好。这些仪式让我们知道自己在公司中的位置，它强化了人们在公司中的身份认同感，也为如何与人打交道奠定了基础。

当托马斯·沃森坚持 IBM 公司的每一个员工在公司里用先生、小姐、太太来称呼他人时，他并不是在滥用自己的权力，而是以此来表示在 IBM 公司工作的每个人都是值得尊重的高素质专业人员。无论是在 IBM 公司、宝洁公司还是在通用电气公司，员工对于公司的认可都体现在他们对公司和自身工作的思考上。

这些社会互动仪式管理着公司中的各种关系：老板与员工、年长者与年轻人、专业人员与辅助人员、男人与女人、内部人员与外部人员，明确告诉人们在正式或非正式场合下应该如何打交道。公司长期形成的传统决定了人们的谈话方式：哪种程度的争论或情绪表现是可以接受的，谁在会上第一个发言，由谁来结束谈话，等等。

那么，人们如何学习这些仪式呢？其中一部分是通过“受辱”仪式把新员工进入企业之前接受的内容驳斥得体无完肤。例如，一位刚毕业的年轻工程师对于自己在通用电气公司最初几天的生活经历记忆犹新，他说：“刚从麻省理工学院毕业后，我的第一份工作是在通用电气委内瑞拉公司做事，这真是一次糟透了的经历。我拿着崭新的计算尺，穿着新买的一套西装，带着毕业纪念戒指走进了公司。一个讲话粗声粗气的老主管和我打了声招呼后，就立即递给我一把扫帚让我扫地。不用说，我张着嘴愣在那里，好一会儿才反应过来。”

“凭我的工程技术文凭，又穿着这套新西装，我简直不敢相信这家伙竟然让我去扫地。但我毕竟是新来者，我还是照着他的吩咐去做了。这是我一生中受到的最大教训。”

通用电气公司总是让那些实习生在被公司接纳之前先了解真实的世界是什么样的，这种类似恶作剧的仪式传递了一个明确的信息：你也许知道不少，但在这里，你的聪明才智需要与你对这里的熟悉程度相匹配——一切都要从头做起。

教训人是所有公司的共同仪式。管理者们常常能把这些初出茅庐而又雄心勃勃的新来者变成待宰的羔羊，其做法就是把他们交给那些出了名的看不惯年轻人的主管。管理者知道这些家伙会教训新来者，让他们学到企业文化中最重要的经验。要想获得成功，首先要知道并认可那些在公司里待了很长时间的人的成就贡献和聪明才智。

这种教训人的仪式也作为一种渠道传递着文化的价值观。曾任国务卿的亨利·基辛格（Henry Kissinger）有一次让手下一位获得罗氏奖学金的年轻学者写一篇深奥的文章。这位年轻人还不熟悉如何完成这份“美差”，他忙碌了两周时间写出了这篇论文。交稿两天之后，基辛格把文章退了回来，并批注道：“太烂了，重写。”

年轻人受了沉重打击，他反复思考了这篇论文，觉得自己可以做得更好。于是又卖力地忙碌了一周，将改好的论文交给了基辛格，但又被退了回来，上面的批注是，“这次比上次的还差，难道你就不能写得稍好一点吗?”

于是他又写了第三遍，并附上一份说明：“也许这次仍然不能令您满意，我很抱歉浪费了您的时间。但这确实是我在这个题目上所能做得最好的，我很抱歉拖了这么久。”结果基辛格回了一张纸条给他：“现在我可以看看它了。”这种故意使人受挫的做法传递了一种信息：在这种文化下，如果你的东西不能代表你的最佳水平，就不要向老板汇报。

不过，这种教训人的仪式也会制造冲突，因此，公司中还需要其他的维系与调解仪式来缓和那些威胁到文化和谐的冲突和误解。我们来看一个高新技术公司的例子。在一次会议中，一位部门经理占据着主导地位，这一点令市场部经理感到恐惧。第一天会议结束后，市场部经理抱怨没人听他的，他坚持认为公司应该调整方向以抓住新的市场机遇。例如，他提出公司应生产成本为 5 美分的洗涤液，然后以 5 倍的价格卖出去，但他的同事（那些曾经的工程师）却对他的建议反应冷淡，他们不愿因此而屈尊去生产廉价洗涤液。虽然这位市场部经理只是用洗涤液打了一个比喻，但当天会议在一种十分不友好的气氛中结束了。

然而，在第二天会议将要结束时，这位市场部经理收到了他的同事送来的一份礼物——一瓶洗涤液。这种将愤怒转变成玩笑的补救过程让大家都容易接受。这种仪式使得公司不同部门之间重新团结起来，并成就了一个在企业文化中一直流传的故事。

强文化中还有一些仪式能在冲突发生之前起到调节差异的作用。威士国际组织（Visa International）的总裁迪·霍克（Dee Hock）曾在 1974 年精心策划了这样一个仪式。当时，由来自世界各地的成员组成的国际组委会正处于艰难时刻，组委会成员之间的差异实际上代表了威士国际组织不同部门之间的差异，而且这些差异似乎难以调和。在放弃努力之前，霍克召开了最后一次会议，他解释道："我们将给那些努力工作的人颁发纪念品，他们在做着看起来毫无意义而实际上却十分需要的工作。我们设计了一对别致的袖扣，它们表面镀金，其中一个以浮雕形式刻着半幅世界地图，四周用拉丁语写着'成功的意愿'；另一个刻着另一半世界地图，周围的文字是'妥协的魅力'。制作袖扣的模子就放在一个盒子里。这个模子或许会被毁掉，如果我们不打算再做任何努力；或许会被保留下来，为那些成功的经理们继续制造袖扣。"

"在欢迎晚宴上，每个组委会成员都会得到这样一份礼物，我们要求你在整个宴会中一直佩戴着它，右手是'成功的意愿'，左手是'妥协的魅力'。它提醒我们，只有通过这些努力，才能使银行卡在世界范围内联合起来。"这项仪式不仅缓解了各组委会成员之间的紧张对立局面，并且强化了威士国际组织的文化价值观。

霍克后来说，现在这些袖扣已经成为人们珍爱的收藏品，而袖扣上的箴言也成为威士国际组织的座右铭。显然，如果没有这些社会互动的规则与仪式（即霍克这种简单明了的仪式），没有人知道应该做什么，因而他们什么也不会去做。

工作仪式

大多数人都认为，社交礼节是一种仪式化的行为。然而，我们仍想指出的是，管理者和员工们每天所做的很多严肃的工作本身也是仪式。与社会交往不同，工作仪式本身不会直接产生作用，但它们同样十分重要，因为它们提供了一种安全感和共同身份的认知，并为日常的平凡活动赋予了某种意义。

在企业经营中，主流观点看重的是有形的结果，这使得工作中的仪式化部分显得不那么明显。员工们注重的是过程而不是仪式，因为他们要“完成任务”；大部分管理者都能提供详尽的证据，说明他们的个人策略对于提高生产率是多么重要；销售人员会指出努力推销的重要性；官僚主义者会经常使用备忘录；外科大夫会用实际行动证明如何通过手术来挽救患者的生命；石油公司的总经理可以详细描述出计算机化管理是如何使他们按时完成项目的，而且没有超出预算。

让我们来看一下外科大夫的仪式。手术前，他们要花 7 分钟时间进行清洗（实际上，有些医院里装有一种自动计时的水龙头，7 分钟后会自动关水），虽然现在大多数医生都认同灭菌过程只需 30 秒钟就足够了，但这种传统仍然被忠实地保留下来。不这样做就等于破坏了消毒程序，标志着手术前未做充分的准备。通过遵循这些仪式以及其他一些相关仪式，外科医生就是在文化边界内做事，这样做为一些高风险的手术提供了安全保障。如果手术不成功，也不是文化的过错。这种程序同时也维护了我们对于医学的信赖。

当我们抛弃这些工作仪式时，它的重要性才会清晰地显露出来。举例来说，许多公司目前在技术层面上实行电脑操作。从表面上看，这是一种革命性的变革，员工不必再做一些重复性工作。但全国各地的管理者都发现，他们的员工在抵制这种变化。如果我们把技术工作视为一种有助于公司稳定的文化仪式，就不难理解这种抵制变化的行为了。员工们所表达的信息是：他们对于过去已成习惯的工作方式感到更舒服，他们了解这样做之后会带来什么样的结果，例如，通过做这些事情，他们会获得每个月的薪酬。因此，通过旧有仪式的实施过程，他们提高了自我价值感。在损益表上填写数字是他们一直在做的工作，但是把数字输入电脑中则好像是另一回事。虽然后者效率更高，但同时它的感觉也十分不同，而且它难以核对，因而这样做远远不能令人满意。对这些员工来说，上述变化就像用曲奇饼干代替圣餐薄饼一样，足见其差异。

当然，从某种角度来说，这也是一个文化的问题：它为人们提供了一条途径来评价自身的价值及其工作的价值。工作仪式对整个公司来说极其重要，它作为一种信号，向外界表明文化是多么有效，对于一些无形的产品来说更是如此。公司如果认识到这种重要性，就能够利用工作仪式来帮助自己建立一种将会获得更好效果的强文化。

管理仪式

企业中的大部分工作是相同的，即按照预定的工作仪式完成任务；同样，管理者在日常工作中也参与到各种仪式中。虽然我们知道，今天的大多数管理者都十分不愿意承认这一点，但实际上他们所珍爱的工作程序与仪式没有丝毫差异。

当我们谈到管理仪式时，我们指的是什么呢？让我们先来了解一下通常意义上管理者工作构成的几项主要内容。第一是协调。但是，哪些内容属于协调而不属于个人或群体共同认可的仪式呢？是“事件告知”、书写备忘录，还是主持会议？据我们所知，没有人真正理解协调的含义。实际上管理者的所作所为就是在实施这些仪式，希望理想的终端产品——更好的协调能够实现。

第二种共同的管理活动是作出决策，尤其重要的是，作出战略决策。管理学文献中充斥着大量抽象的优化战略框架的论述，例如组合投资分析和成本管理曲线。但这些工具真的有助于决策吗？我们相信，它们作为一种仪式，给予管理者本人一种舒适感，即他们在利用目前最有效的管理技术来完成这一关键的职责——作出决策。管理者真正作出决策的办法是，把一群人召集在一个房间里，总结一下所有可以得到的信息和数据，并在有限的时间里作出他们力所能及的最好决定。据说通用汽车公司的艾尔弗雷德·斯隆曾经这样说："如果你一生中作出的 51% 的决策是正确的，那么你最终将会成为英雄，其他事情只不过是简单的仪式而已。"

下面的例子提供了管理生活仪式化方面的直接证据。美国海军于 20 世纪 50 年代开始建造"北极星"核潜艇，它运用了三种创新的管理技术：管理中心技术、绩效评核技术（PERT），以及由项目 CEO 海军上将雷伯恩（Admiral Raborn）主持的每周管理例会。这些技术对于核潜艇试制的成功起了不小的作用，尽管随后的一些研究表明，这些程序与工程进度之间并无太大关系。

我们认为这一迹象表明，作为仪式的管理技术有着更重要的影响。每周管理例会给海军上将提供了在政府官员和公众百姓面前批评自己下属的机会。在随后的几年里，每周管理例会就像"去教堂"一样，把大家紧紧地联系在一起。另一方面，管理中心技术和绩效评核技术又为这个项目树立了一个良好的形象。不管怎么说，绩效评核技术在当时是一个全新的管理理念。前来视察这一项目的局外人士会被管理中心技术引入"歧途"，他们被大量的图表及专业术语弄得眼花缭乱，甚至全球最知名的访问者临走时也会说："北极星真是华丽气派，这些人肯定非常胜任自己的工作。"其实，内部人员都知道实际上绩效评核技术与"北极星”项目的运作并无多大关联，它的真正价值在于使外界相信这个项目十分重要。一个内部人士几年前曾说：“在向外界推销项目的重要性方面，这些程序是非常有效的。更重要的是，绩效评核技术以及其他一些令人摸不着头脑的概念，给我们建立了一道独立于海军其他部门的屏障，它传递了这样的信息——我们就是高层管理者。”

在美国海军（以及其他地方）中，最重要的管理仪式仍然是正式会议。所有的公司都有这样的仪式，只不过形式各异罢了。

会议频率

一些公司开会频繁，另一些公司每月只开一次旨在解决真正的重大问题的全员大会。

会场布局

大部分会议都在正式的会议室进行，也有一些会议会转移到办公室进行。

会议桌形状

圆桌能使参会者形成平等的伙伴关系；具有明显上位的桌子则会营造等级氛围。

座位排序

在高新技术公司，人们坐在哪里很随便。而在结构化更强的公司里，老板总是坐在上座，坐在他身旁的必定是公司的二号人物。

出席者的组成和数量

在十分正统的文化中，参加会议者都是地位相同的人，地位低的人员通常只是等着被经理传唤到办公室。而在不那么正式的公司中，出席者通常来自各个层级。

会议操作

一些公司中，意见交换是会议的主要方式；另一些公司中，人们更喜欢电影院式的座位排列，参会者会被那些目不暇接的幻灯片弄得眼花缭乱。

与企业文化的其他方面不同，在会议上没有哪种形式优于另一种形式。会议的形式只不过是对文化的一种反映。贝内特·瑟夫（Bennett Cerf）是兰登书屋的创始人之一，当他突然意识到应该开个会时，就会立刻从某个房间里冲出来举行会议。在出版界，个体的独创精神至关重要，因而瑟夫觉得例行会议是最没有效率的工作方法。

另一家成功的高新技术公司却在会议形式上采取了截然不同的做法。几年前，高级管理层希望削减企业管理的日常费用，曾邀请我们作为该公司的管理顾问。但我们的最初努力并未受到重视。出于好意，一位资深的副总裁建议道："你们不了解这里的文化，你们要是像我这样在这里生活，就会明白这里的一切了。"

于是，我们的一位同事汤姆·彼得斯（Tom Peters）和这位副总裁共同生活了一周时间。他住在副总裁的家里，同他的孩子和狗一起玩耍，白天和他一起去上班并度过一整天，晚上一起回家。一周结束时，彼得斯给我们勾勒出了一幅该公司的仪式化会议的详细景象，从中可以清楚地看出他们在更大的管理结构上存在的缺陷：

- 97%的工作时间花在会议上。
- 绝大部分会议是预先计划好的。
- 出席会议的平均人数为 35 人，通常来自 3～4 个不同的管理层级。
- 会议上总是在播放冗长而繁杂的幻灯片，其中包括大量的文字和表格，它们都是由参会者的下属提供的。
- 会议的目的是促进决策的作出。
- 在会上几乎没有作出过任何真正的决策。一是时间有限，二是人们在选择方案时会犹豫不决。

我们和这位副总裁交谈了这些情况，这一次他说我们准确地反映了他们的企业文化。他们信赖事实和知识精英，他们的仪式则是对这种信念的支持（会议过程中大量的时间用于陈述事实，而且邀请很多人出席会议）。然而，这些仪式妨碍了他们实现目标的进程，并且增加了管理费用。一段时间之后，该公司改变了它的仪式，并与其他价值观建立起联系。

毫无效率的会议可能会使企业文化停滞不前，因为文化需要好的结果从而继续前进。然而在有些文化下，没有具体结果的会议却会增强成功的可能性。一家原料生产公司常常在午餐时举行会议，而且实际上每个人都能参加。公司总经理在上座就座，他身旁是被邀请来的身份特殊的客人。其他人各自坐在自己不变的座位上，大家都知道谁可以发言、谁不可以发言，这种完全照本宣科式的午餐会持续了几十年。作为一种仪式，它强化的观念是：深思熟虑和丰富的经验才使公司获得这样巨大的成功。这些会议常常并不作出决策，它们只是为文化发挥表达、发展和庆贺等作用提供场合与机会。

有一点必须指出，会议的目的并不总是为了解决某些问题。作为一种仪式，会议为管理者提供了机会来展现事件，从而凸显文化的价值观和信念。管理者如何去做取决于他们的企业文化。然而，无论管理者怎样做，完美的管理仪式会提供凝聚力和团结心，向外传递出稳健的形象。

奖赏仪式

如果个体在工作上表现出色，或者体现了公司追求的价值观，则强文化公司会进行大力宣传与渲染。而且，优秀的公司总能让人们清楚地知道，某人得到嘉奖的原因是什么，无论其庆祝活动规模是大还是小。

在英特尔公司，当某个人出色地完成了工作时，公司创始人会把他叫进办公室，送给他一把 M&Ms 巧克力豆表示赞赏。这种庆祝仪式始于几年以前。如今，在公司里他都会准备一些这样的糖果，他们都觉得这种方式挺不错。

在艾迪生-韦斯利出版公司（Addison-Wesley），一颗铜星会从一个成绩优异者的手中传到下一个成绩优异者的手中。同时，“本周烈士奖”则用来安慰那些正在经历最艰难时刻的人。它表明公司认可这样一个事实——即使好员工，也会遇到艰难时刻。

更重要的场合还需要特殊的方式。当有人晋升或者退休时，公司常常会为他举行一个隆重的仪式。在一家大型保险公司的总部，晋升意味着拥有一间新办公室或一套新办公家具，总之，公司要创设出一种新环境与当前的职位相吻合。该公司细致划分了不同管理级别相应的办公室规模及内部装备。在晋升当天，被晋升者会准备雪茄和糖果以答谢前来道贺的同事。这种庆祝活动是一种表明大家对职位晋升的公开认可的仪式。

退休晚宴或晚会提供了一个有利时机来表彰“元老”们的贡献，并且可以通过讲述故事、发表演说和发放礼物等方式来强调企业价值观的重要性。

如果公司不通过公开的庆祝活动把这些重要事件仪式化，通常就会令人混乱和迷惑。对于解雇或强迫退休行为尤其如此。如果这些工作变动仪式进行得不恰当或根本没有进行，则组织就会从此分崩离析。如果人们把解雇行为看做独断专行和缺乏公正，则会心生疑惑和不满，企业文化很快就会陷入困境。

为了使这些令人烦恼的事件得到控制，成熟的公司会精心设计各种仪式，这些仪式不仅在人们不情愿的变动过程中提供了安全感，而且生动形象地展示企业文化，并对其中的价值观和信念进行强调，那些不曾考虑变迁仪式重要性的管理者则丧失了一个利用它来扩大企业文化影响的机会。

我们知道有这样一家公司，它有着非常严格的业绩要求，导致员工在其职业生涯中的几个关键阶段有着相当高的离职率。一旦员工没有通过那些“考试”，便会被要求离开公司。在雇佣双方作出“分手”决策之前，没有人会谈到这些障碍的存在。然而，这样的谈话之后人们几乎马上就意识到某个人即将离去。公司在员工临走时会安排一次午餐，几乎每个人都会来聚餐，分享这位“与工作离婚者”的建议与意见，大部分幸存者会在临别时说："当我离开的时候……"

这种仪式的关键在于，在职的员工常常会想起那些离开的同事："不必感觉自己太差，我们这里树立的标准太高了，没达到标准并不意味着自己不合格。"实际上，这些在公司工作过的员工组成了一个庞大而活跃的"公司员工同事会"（他们印制了通讯录并举办一些聚餐活动），这一点有力证明了这种仪式传递的信息：几乎没有人在离开后心怀怨恨。事实上，公司一批最忠诚的支持者就是那些曾经优雅地离去但依然看重自己那段工作经历的员工。

文化的盛宴

一些拥有强企业文化的公司会把庆典活动推到一种极其华丽的程度——不惜时间和成本把它举办成一个盛大的节日。玫琳凯化妆品公司将其"研讨会"变成了在达拉斯会议中心举办的耗资数百万美元的盛况空前的聚会，公司创始人把这一活动形容为"荟萃了奥斯卡颁奖、美国小姐评选、百老汇首演的精华！其中包括各种令人眼花缭乱的奖品、竞赛、表演和娱乐"。

在会议上会讲授一些课程，数百名玫琳凯的销售人员将从中有所收获。不过，她们真正期待的还是那个与众不同的颁奖之夜——超过 13 个小时的节目中包含教育、激励、感染和娱乐。其中最引人注目的是那些被誉为"文化英雄"的团队领袖和未来的领导者们，她们穿着亮丽的红色外套，在台上列队排开，每个人讲述一段自己跟随玫琳·凯所获得的成功。她们清晰而明确地向观众传递了这样一个信息：这些人能做到的，我一定也能做到！

另一个庆典活动是给最佳推销员颁奖——奖品是粉红色的别克轿车和凯迪拉克轿车。有一年，这些汽车竟是从“云雾”中“飞降”到舞台上，巨大的撞击声立刻引起了观众极大的共鸣。不过，最盛大的晚会还是那场长达 5 小时的精彩表演，公司会给每个地区的总经理和皇后级顾问（超级女推销员）加冕，她们戴着钻石、披着貂皮，周围簇拥着一群销售业绩同样很了不起的女销售员。当这种奢华的狂欢结束时，每个人心里都明白在公司里能有一番作为的工作就是销售。

在埃德温·兰德执掌宝丽来公司时，他们的公司年会也是一种狂欢活动，其豪华程度可以和玫琳凯的研讨会相媲美，只不过在风格和传递的信息方面有所不同。宝丽来公司一直致力于研发工作，他们把年会作为一个重要时机来激励公司成员，并向外界表明公司的立足点。当大多数公司满足于在简陋的地方召集几百名员工（其中甚至还包括其华尔街分析员以及大批股东们）开个年会时，宝丽来公司却在奢华的大厅里举行年会，4 000 多名员工聚集在那里，等待着见到他们的总裁——兰德先生。

在回顾了历届年会成员的人数后，兰德博士开始施展他的魅力。例如，1977 年，他把宝丽来的新型电影摄像机称为“开创了新的科学、艺术和产业的先河……它使生动形象尽在掌中”。当时，他拿着摄像机对着舞台上正在跳舞的年轻姑娘拍摄了一会儿。90 秒钟以后，观众从影片中就看到了这个彩色的跳舞场景，与刚才舞台上出现的完全相同。

股东们不但分享公司的利润，而且分享兰德在技术创新方面的奇迹。每位股东都有机会亲自用摄像机拍一段电影。随后，兰德把大家重新召集在一起。“有一条原则是你在哈佛商学院学不到的，那就是如果有一件事值得你去做，它就值得你去做得尽善尽美。”兰德反复强调技术的重要性，却从不提及市场或销售。他强调总体和经营理念层面上的东西，而避免谈及具体内容。一位股东打断了他，插话说：“这一切都不错，不过我们的利润情况如何呢？”

兰德回答道：“在你眼中，唯一有价值的东西就是利润！这真是一种自以为是的说法，”并补充道，“利润这东西——在上帝那儿。”

自公司创立之初，年会就生动地表达着宝丽来公司的核心价值观。年会和企业文化已经融为一体，很难被剥离出来。与此同时，通过这种会议我们也可以看到，当前宝丽来公司在竞争和利润业绩方面存在的问题正是文化的缺陷导致的。

对仪式进行管理

聪明的公司领导者会在仪式方面花费大量的时间，他们不仅设计仪式，而且积极参与其中。他们参与对新员工的指导；他们为晋升的庆祝活动组织乐队，并确保每个人都明白这个人得到晋升的原因；他们还特别善于利用退休仪式，他们把退休人员视为文化英雄——这些人身上体现了公司的信仰和核心价值观。

不过，还有更多即使是他们也想不到的机会可以利用。优秀的管理者用大量的时间设计仪式，借助于此，他们实际是在设计和调整管理程序，例如改进理事会召开的方式、重新安排执行委员会的成员、制定新的或者修改已有的战略规划等。管理层通过这些仪式，来规定人们在什么时候应该做哪些事。如果说管理层对于员工该怎样做应该有一些自己的思考（当然，这一点是有争议的，我们在这里指的是某些方面），那么对仪式就应该十分关注。

对仪式的关注也有实际意义。通过规定人们在各种程序中应该花费多少时间，高级管理层就可以知道自己一直在控制着企业。这些仪式会影响到中级管理者谈论的话题、思考的内容以及回去之后要完成的任务等。仪式是非常有力的工具，高级管理员利用它维持对企业的控制，实施对企业的影响。

今天的管理者面对的真正困难是：他们在试图影响周围人的行为方面不够积极进取，其结果是，他们无法尽其所能地影响自己的公司。例如，在强调自我的当今世界里，很多人认为做事应该是松散而随意的，管理者很少去建立行为的规范与标准。其结果是，今天的企业文化会随着整个社会的不断变化而起落沉浮。

建立标准

我们认为，管理者利用企业文化能够而且应该指导员工们如何行动，以及如何支配时间。例如，管理者可以通过以下几种社会标准来影响员工。

语言标准

什么样的语言能被接受？人们在谈到自己的同事时是使用正式称呼，还是可以随便称呼他们？随便骂人能否被接受？高层人员与低层人员之间的交流沟通是否容易？很多时候，公司里发生的事情是人们谈论最多的话题。因此，建立人们在这方面应该如何做的标准，会对企业文化产生有力的影响。

公共礼节

公司能否容忍（或是否鼓励）捣乱行为？一组员工的活动能否干扰另一组员工的活动？人们是否有权独自工作而不被打扰？员工在上班时间能否喝酒和聚会？管理者应该明确自己希望的行为是什么，并坚持要求人们这样做。

人际行为

公司是否关注谁和谁睡在一起？工作场所是否允许谈恋爱？这些方面是否有明确的规定要求人们遵守？是否允许甚至鼓励带有明显性倾向的玩笑？行为仪式决定了鼓励什么而压制什么。优秀的管理者应该仔细思考这些问题，并建立一套明确的标准。

就像工作中的其他方面一样，管理过程也可以仪式化，这样做会比当前的规范更有效。高层管理者应该认识到，他们实施的管理流程占用了员工的劳动时间，当他们在审核和修改管理流程时，头脑中要有明确的认识。举个简单的例子：每个管理者都有战略规划，但几乎没有人会对公司进行战略性管理。如果他们能做到这一点，管理者首先会做战略性思考，并最终形成良好的战略规划，而不是其他的规划。CEO 在制定计划的过程中，必须确保自己能使所有的管理者都做战略性的思考，否则计划根本就不起作用。这点区别看起来微不足道，但实际上是造成所有差异的根源。在战略管理方面建立这些标准，会清晰地告诉员工你对他们的期望。

家庭作业

大部分管理者都会告诉大家什么时候开一个具体会议，却不告诉他们如何准备。这个问题通过布置家庭作业，可以很容易地解决。

演讲及其格式

强文化公司在演讲报告方面有一系列的标准。在宝洁公司，重要的事项会列在一页纸的备忘录上，因为这种格式更容易被人理解。宝洁公司明确地管理着应该做什么样的准备工作。

明确的规程

管理者的一时兴起占用了管理的很多时间。在更严格的规定下，我们看不出这有什么错误。其实，中层管理者应该被明确告知该做什么。我们告诉蓝领工人他们该做什么，为什么不这样对待管理者呢？

我们并不是说要回到官僚主义。但我们相信，管理者有很强的潜力实施积极影响，只要他们愿意这样做。通过对文化仪式的关注，他们能够将企业文化的价值观与每个人联系起来，并被每个人接受。

仪式不起作用的时候

企业文化包含日常生活中无数没有明文规定却被人们很好理解的仪式。在大多数情况下，这些仪式的目的之一就是将新成员纳入企业文化中。但是，当新来者与众不同时（例如，一个进入男性世界中的女性或一个进入白人管理阶层的黑人），还没有适用的仪式对这些个体进行同化。此时，禁忌会代替合适的仪式发挥作用：“别逼那女人”，或“黑人比较敏感，小心别伤了他们的感情”。

融入一种文化的仪式生活成为女性及少数族裔必须克服的一个障碍，主流文化的奇怪仪式常常使外来者对他周围发生的事非常敏感。例如，那个手势意味着什么？我是否应该对那个幼稚的评论作出回应呢？我实际上做得怎么样？

外来者所具有的亚文化成员身份会从个人方面和专业方面影响到女性和少数族裔。其实，它同样会显著影响到整个企业的运作。一个还在窥视的旁观者不可能在企业中做出最优异的成绩。这里经济方面的原因十分明显：如果不冲破那些阻碍女性和少数族裔进入公司主流文化的障碍，就无法使公司或社会从永不枯竭的人力资本中获得最大效益。社会方面的原因也同样十分明显，即我们是否相信美国宪法中规定的个人权利和义务。如果相信，那么认识到这些障碍表达了人与人之间的不平等后，我们就需要努力拆除它们。最后，出于政治方面的原因，女性和少数族裔的要求也必须得到满足，因为这些群体代表了社会中为数众多的选民，也是在企业界数量不断增长的群体。

但是，当大门尚未全部敞开时，会产生怎样的不利影响呢？在丰富多样和支持性的组织文化生活中将女性和少数族裔排斥在外的现象，从他们进入大门的第一天起就产生了，只不过大多数人尚未意识到这一点。

让我们来看一个很有才干的年轻黑人 MBA 初次介入企业生活时的经历。“在整个聘用过程中，虽然我周围有许多 MBA 是白人，但我还是成为竞相追逐的对象。我得到了不少工作机会，并从中挑选了一个。此时，我可以说是壮志凌云。我不知道应该期望从工作中得到什么，我的大多数同班同学也不知道，其中有几个同学和我在同一时间加盟了这家公司。我每天都去上班，因为我过去不曾有全职工作的经历，所以在我看来，每天发生的事对我来说都很正常。但是几个月后，我渐渐发现在我身上很正常的事情却并未发生在我的白人同学身上。我和他们一起吃午饭，或下班后一起去进行一些一对一的运动以保持体形。他们常常聊起与某位副总裁或其他重要人物一起吃了晚饭。而我除了在面试时见过副总裁，就再也没有机会碰到他们。于是我问他们是怎么和副总裁认识的，每次他们总是说：'噢，我和查理一起干活时，他介绍我们认识的。'看上去是那种很随意的碰面，好像没有什么。事实上，这的确没有什么，不过这种事从未发生在我身上。对于查理来说，向副总裁介绍他的白人同事是件自然而然的事。然而，当他和我一块工作时，他在做同样的事时显然不那么自然，因为我是不同的。"

一种被孤立的经历？不过，这还不是最坏的。我们所访谈的每个黑人及女性员工在他们初进公司时，都有着十分相似的经历。对女性来说，最初遇到的排斥主要是工作之余的社交活动。通常与工作相关的社交仪式并不适合她们，比如"下班后我们去喝一杯吧"。整天在一起工作的男性会自然而然地认为邀请她们去喝酒会被当作勾引她们的信号，所以他们不会发出这种邀请。作为女性，如果工作之余想喝一杯，她们也是去邀请其他女性。

然而，在日常公司生活中被排斥的现象不仅仅存在于女性的最初工作阶段。很多人抱怨这种排斥一直伴随着她们的整个职业生涯，而且很多女性（包括我们所访谈的一些身居高位的女性）尤其抱怨说，自己被排斥在一些发生在她们周围的十分重要和有实质影响的工作事件之外。一位女士这样说："大部分决策并不是在高尔夫球场或者封闭的会议室里作出的，因此，我并不在意自己被排斥在这些社会事件之外。但是，所有的决策其实都是在不经意间作出的。所以，对于一个在走廊上谈论企业情况的非正式交谈，我确实很在意自己没有被邀请或者没有被接纳。我周围处于权力结构中的男士们会因为一位女士在场，在行为上不那样放松和随意。一旦我加入了他们的走廊交谈，交谈的主题马上就从工作转向闲聊。问题是，如果我不是这个非正式会议中的一分子，我怎么去做我的工作呢?"

还有一位女士提到了人们对于沉默的社会认知有所不同。她说，如果在工作场所发生性冒犯的事，她的本能反应是置若罔闻，保持沉默。年轻女孩受到的教育要求她们这样做——指出别人的失常行为并让人难堪的做法是不对的，而含有抗拒意味的沉默显然是一种更恰当的举动。然而，在企业中却不能这样。在这个把男性的行为标准作为规范的环境中，沉默传递了一种意义十分不同的信息：这个女人不够自信，不像男人那么有魄力。很显然，她会在竞争激烈的企业世界中遭受挫折。

进入仪式

外部人员难以被同化从而进入企业文化的仪式方面的障碍（这些障碍包括无数细微的行为范式），是女性和少数族裔在企业界晋升时要面对的最大问题之一。如何克服这些障碍并使得传统上以白人男性为主流的文化对外部成员更加开放、更加融合呢？也许可以采取以下这些措施。

文化导入

可以把更多的精力放在这些人员的职业生涯管理上，确保在他们需要时能够得到企业文化的支持。一些公司制定了正式的导师培养计划，让那些资深的中高层管理者有明确的职责，保护并关怀这些新来者。当他们之间形成了一种真正的、工作方面的私人关系时，这种做法就会十分有效。还有的公司试图对工作任务进行管理，并确保这一过程中可以得到一个能理解和支持的长者的帮助。第三种成功的策略是组建目标明确的（解决具体问题或难题）短期（通常是 6 周时间）特别行动小组。这些任务的目的是使新来的女性和少数族裔与他们的同事建立各种联系，这种联系在他们进入公司的最初几年里会一直保持。

对待问题的明确准则

在有女性和少数族裔参与的场合中，制定一些明确的行为指导原则，以及一项确保所有人都能意识到该准则的程序，能够消除不良的仪式化行为。我们在前面曾经指出，近年来管理者在运用可行的行为标准来影响人们的文化生活方面并没有多少贡献。尤其重要的是，在一个群体成员应该如何对待另一个群体成员的社交礼仪方面，管理者缺乏足够的重视。当这种社会行为关系到女性和少数族裔时，相互之间的沟壑则更加明显。如果女性和少数族裔在稳健的企业文化中成为一个感觉良好、充满自信的成员，他们就不会花太多时间穷于应付那些周围人不知何故而在工作中造成的尴尬和麻烦。管理者要想实现工作场所中的真正整合，就应该首先从制定与这些文化新成员相关的社会行为标准开始。

榜样

最正确或许也是最佳的策略是，领导者个人在对待女性和少数族裔方面树立恰当的榜样。如果没有总经理的领导，各项计划都不可能实现；同样，如果没有总经理和其他经理作为榜样，旨在使女性和少数族裔受到企业文化欢迎的努力就会化为泡影。

如果女性和少数族裔不被企业文化接受，这不仅会伤害他们的感情，而且会危害到企业的生存。虽然企业采取了一些有益的措施，但还远远不够。我们需要更有力的行动——采取特别措施来克服在同化过程中难以消除的障碍。

公司仪式的遗留问题

人们在一种文化中所学的仪式使他们（确切地说是训练他们）学会了一种具体的行为方式，这对管理者来说尤其重要。管理者如果在一种环境中使用一套管理仪式并获得了成功，就更有可能将这些仪式带到另一种环境或者公司中。我们来看看鲍勃·麦克纳马拉（Bob McNamara）的事例。他离开福特汽车公司后到美国国防部工作，后来又在世界银行就职。

麦克纳马拉从哈佛商学院毕业后不久，很幸运地成为特克斯·桑顿（Tex Thornton）统计分析小组的领导成员，为第二次世界大战中的空军服务。战后，这个被誉为“神童队”的统计分析小组接受亨利·福特二世的高价聘请，进入福特汽车公司。

汽车行业的真谛在于出色的分析会获得成功，这也是麦克纳马拉及其他“神童”的嗜好。他们把统计分析技术运用在管理方面，这使得福特汽车公司在 20 世纪 50 年代初出现了转机。1954 年，在美国大众型汽车领域福特品牌几乎和雪佛兰品牌并驾齐驱。这种高效的人员运作和财务控制是汽车行业管理的关键。公司一个重要的价值观就是要满足市场的需要。

在之后的越南战争期间，麦克纳马拉被调到美国国防部工作，并为美国国防部带去了许多曾在福特汽车公司行之有效的分析方法。

当战争期间需要可靠的决策时，麦克纳马拉很快就成为国家决策的象征。然而，随后统计分析的运用却开始出现了偏离。事实上，方程式中的数字并不总是固定不变的值，统计基础与战争的实际情况之间的差异就像越南的水稻一样，存在许多无法测量的变量。我们在这里要说的不是麦克纳马拉的错误或他在越南战争中的失误，而是说他的管理方式在美国国防部并不像在福特汽车公司那样奏效。这是因为条件并不一样。

麦克纳马拉从美国国防部调到世界银行工作之后，他的贡献是有目共睹的。但是，仍然有许多批评者对他的技术提出质疑，《福布斯》杂志上的一篇文章这样写道：“他有点像行色匆匆的银行家，总是逼着下属去创造惊人的数据而不是稳固的贷款。麦克纳马拉制定了相当高的贷款额度，并坚持认为它们会被如期偿还。”《巴隆》（*Barrons*）杂志报道说：“世界银行员工联合会（World Bank Staff Association）谴责那种仅用贷款数额和计划进程来衡量效率和效益的管理方式……以质量和最终发展为代价。”

麦克纳马拉在福特汽车公司学会了经营。实际上，他吸收了建立在复杂财务系统和人员管理上的一系列仪式。运用这些仪式，他获得了极大的成功和显赫的声望。我们很难评判他在福特汽车公司所学的管理仪式及管理本身。麦克纳马拉是位才华横溢的人物，在他辉煌的职业生涯中，所有工作过的单位都受到他极大的影响。我们的观点很简单，是麦克纳马拉而不是管理仪式，出色地完成了工作。

我们从中得到了什么经验呢？在这种文化中成功的仪式却可能在另一文化中失败，因为各自的经营环境不同。当然，最重要的一点是，管理者必须对自己所处企业文化的组成要素了如指掌，而不能让日常琐事束缚了自己的手脚。

强文化为人们创造了工作的意义。仪式教会人们怎样相处，不仅在狭隘的企业范围内，而且在世界范围内。那么，在整个企业文化中，这些文化要素是如何传播、加强和融合的呢？通过文化网络的作用就可以实现，下面我们来谈谈文化网络。

第5章

沟通：运用文化网络

在强文化中每个人都有自己的工作，但是除此之外，还有另一项工作。这项工作并没有体现在名片上，但这没有关系。很多时候这项工作远比预算、备忘录、公司政策或五年规划重要得多。谍报人员、说书人、牧师、耳边私语者、非正式小团体——它们构成了一个隐藏的等级体系，这一体系与公司本身的组织结构差异很大。在这个隐藏的等级体系中，一个基层员工可能会因为是一名很有影响的高级间谍而身价倍增；一个业绩并不出色的高层管理者之所以能拥有办公楼里最好的办公室，是因为他除了讲一些动听的故事外不干其他事情，而这种能力使他成为公司各类事件的解释者并对公司格外重要。身为管理顾问，我们发现，任何成功的组织要想实现有效的管理，关键在于这些“另一项工作”，它们构成了所谓的文化网络（cultural network）。

这个网络实际上是组织内部信息沟通的主要手段，它把公司各个部分联系在一起，但并不是用职位或头衔。这个网络之所以重要，不仅因为它能传递信息，而且因为它能向员工解释信息的真正含义。来自CEO 的官方消息也许是这样的：副总裁为了追求其他利益而辞职。但在正式消息发布半天以后，文化网络中就可能流传着这样一则非官方“实情”：副总裁连续 3 年没有完成销售任务，公司是绝不允许这种工作业绩出现的。

我们发现在沟通方面，“现代”的许多管理者仅仅关心冰山浮在水面上的很小一角。他们分发大量的备忘录、信件、报告和政策描述；他们召开预备会议、正式会议、管理研讨会；他们运用活动挂图、决策树、统计分析来达到目的。但有时候这些做法并不能实现太多的目标。我们认为组织内部发生的事件中，有 90％与正式事件无关，真正的事情是在文化网络中发生的。即使在控制严格的会议上，也存在很多非正式的沟通——诸如维系仪式的方式、目光的接触和交流、话语中的含沙射影等。而作出决定、获得支持、阐述观点的真正过程则发生在会议之前或会议之后。

强文化中的网络十分强大，它能够强化企业的基本信念，通过传播英雄的行为和成绩来提高英雄的价值，为变革设置一种新氛围，为CEO 提供一个表现其影响力的严密结构。高层管理者应该认识到这种文化网络的价值，并深入到网络中以实现他们的目标。尤其是在大公司里，对网络的运作可能是实现目标的唯一途径。

富兰克林·D. 罗斯福曾说：“财政部如此庞大和分散，它在行动上又是如此肆无忌惮和根深蒂固，我觉得它几乎不可能做出我希望看到的行为和结果。但是若和国务院相比，财政部要好得多。你如果曾试图改变过这些职业外交家们的哪怕是一丁点的想法、政策和行动，就会有切身体会，也会知道真正的症结在哪里。但是，财政部和国务院的问题加起来也比不上海军部队的问题。要想在海军部队里做些变革，就像对着羽绒床垫打拳击一样，你左右手轮番进攻直到筋疲力尽，然后你发现这该死的床垫还是和以前一模一样。”

罗斯福是一名铁腕总统，然而在试图推动官僚组织的变革时，他也碰到了每个管理者都曾碰到的同样问题。亚瑟·施莱辛格（Arthur Schlesinger）认为，罗斯福是一位完美的网络沟通者。“罗斯福认为，最高执行官的首要职责应该是确保自己有一条传递信息和意见的有效渠道……罗斯福为此而不懈努力着，他坚持通过各种私人关系、非正式和非正统的渠道以及谍报网络来获得消息，并对官方渠道得来的情报进行检查和平衡。有时，他几乎用自己的个人渠道与公众渠道进行较量。”

文化网络的特征

高层管理者应该像罗斯福一样，对这个用于核查和平衡目的的非正式系统有正确的认识，以收集与传播信息。而文化网络的整个过程依靠的是人而不是文件，下面让我们来看看文化网络中的几种人。

说书人

这些人利用讲故事来获得权力和影响力，而且他们乐于这样做。说书人处于权威地位，因为他们能够改变现实。他们只是对公司里发生的事情进行解释，当然这种解释建立在他们自己的认知基础上。而且，这是一种权威而不是一种能力，他在人们还没意识到是怎么回事的时候就已经影响了人们的认知。他就如同寓言里的那只狐狸。狐狸翻来覆去讲述着一个冗长的故事，目的就是使乌鸦丧失警惕，然后从它嘴里得到那串葡萄。说书人所讲的故事就像部落中的神话一样，对工作世界作出解释并赋予意义。对于企业来说，说书人维系着集体的凝聚力，并给每个追随者提供了行动指南，这是传递信息和塑造行为最有效的方式。而故事的魅力就在于，只要抓住核心线索，你就可以重新创造整个情境。

说书人通过把公司里的传奇故事传递给新员工，延续着组织及其价值观的生命。他们也会讲述一些企业中富有远见的英雄人物和那些隐秘的叛逆者的故事，以及传授怎样在组织中获得成功等。IBM 公司的创始人之子小托马斯·沃森（Thomas Watson，Jr.）经常讲这样一个故事：有一个热爱大自然的人每年 10 月都喜欢观看野鸭成群地飞向南方。出于好心，他总在附近的池塘里扔些食物喂养它们。久而久之，一些野鸭便不再费劲地飞往南方了，它们就在池塘里依靠他带来的食物过冬。于是，它们飞得愈来愈少。三四年后，它们变得又懒又胖，再也飞不动了。小沃森是从丹麦哲学家索伦·克尔凯郭尔（Sören Kierkegaard）的书中看到这则故事的。讲完故事，他总是这样结尾："你能够把野鸭驯服成鸭子，却不能将驯服的鸭子再变成野鸭。"他更进一步说："被驯服的野鸭从此将哪里也去不了。我们要明确企业需要的是野鸭，而且在 IBM 公司我们不应该驯化他们。"

小沃森一遍又一遍地讲述这个故事，一是强调行为偏常者的价值，二是强调公司对叛逆英雄应该采取的宽容态度，特别是那些以一致和规范著称的公司。但是有一次，据说一名员工对小沃森说："即使野鸭也是列着队飞的。"这句反驳立刻使野鸭的故事变得更加精彩，因为它明确提出了有关文化的另一个要点：我们都要朝着一个方向前进。

你会发现，最佳的说书人总是处于有机会获得大量信息的位置。他们常常在活动的中心位置，并且可以自由地按照自己的古怪方式行动。说书人需要具备想象力、洞察力和对具体信息的辨别力（故事不能是抽象的）。虽然他很有权威性，但他并不是一个领导角色。许多人害怕说书人，因为每个人、每件事都可能成为故事的主角和内容。然而，同事们却尊敬并常常保护他们。

一位在机械模具制造公司工作的销售人员就像他的同事给我们描述的那样："他做销售，可实在是笨透了。"有一次，一家公司的实权派人物专程从中美洲飞来要购买一种新型的数控机床——这可是一笔数百万美元的大单生意。但这个销售员连这桩买卖也没做成，为什么呢？没什么原因，就像他的同事们说的那样，他从来没做成过一桩生意。不过另一方面，这个人却知道公司里的很多事情，他的同事都这样告诉别人："你去跟他谈谈，他会告诉你这件事情的内幕。"这个看起来不称职的销售人员被大家保护起来，因为他在文化中的作用远比他做销售重要得多。

牧师

与在教堂里一样，企业里也有牧师，他们既是企业的操心人，又是文化价值观的监护人。他们为信仰而操心，并且希望保持群体的团结。这本应该是 CEO 的工作，但实在是由于他们太难接近，因此这项工作就由平易近人而且杰出的牧师来做。牧师们经常聆听忏悔，总有办法解决处于两难境地的问题，甚至是道德方面的两难境地。"另一项工作"需要的是对于文化网络中的任何问题的高度责任心。

企业文化中的牧师需要有年龄上的一份成熟以及除年龄因素之外的一份严肃。这些人通常比自己的同事年长，人们在和一个为公司工作了很长时间却还没有证明其自身价值的牧师交谈时，会感到很别扭。牧师与说书人类似，不过牧师更少关心细节内容，他们常常用寓言来描述过去发生的事情。如果你问他们有关当前计划的问题，他们的回答通常会是一个与该问题相关的过去发生的事件。

大多数牧师都是一部活百科全书，他们对公司历史的熟知就像真正的牧师精通《圣经》那样。他们总是把历史上的前车之鉴作为采取行动的依据，“话说 1937 年……”是他们对企业的价值观和信念的一贯解释。

牧师还会帮助人们应对失败、挫折和失望。在一家公司中，最受欢迎的牧师是一个负责管理人员全球调配工作的人物。一个年轻的管理者走进他的办公室时说：“我的天呐，我被派往南美分公司了，要在那里干 18 个月，我就要离开业务活动的中心了。我来这儿是想多获得一些经验，去那儿有什么用呢?”当他离开牧师的办公室时，已经间接地了解到公司的 CEO 是如何在巴西工作了 10 年的。由于牧师采用的是迂回和不同常规的方式，这位管理者尚不知道在他身上会发生什么样的变化，但他还是走出了不良情绪的阴影。“或许我也能够在南美分公司工作 10 年之后，最后被提升为 CEO。”有效的牧师就是这样通过故事来激励人们，并扩大自己的影响力的。

在现实的层级制度中，你会发现牧师与总部工作人员的职能很相似，他们距离顶层还有 3～5 级，常常会有一个没什么价值的头衔，如“经济研究部主任”。在正式工作中，他们通常承担管理职责，却没有属于自己的下属，而且可能直接向副总裁汇报工作。但是，优秀的高层管理者总是希望有他们在身边，这样一来，那些有风险的方案会很快得到牧师的保佑。一位在一家跨国公司最大的办事处任职的总经理就是一个很好的例子。我们问他对于公司中的关键职位，他是怎样作出人事决策的。他回答说："容易的事情可以很快解决，但在真正棘手的问题上，我会征求海瑞特的意见。"

"哦，谁是海瑞特?"我们问道。

"她是这里人事部的行政助理。"

我们感到震惊："你在作关键决策时，会征求一位人事部下属员工的意见？这是不是对决策不够负责呢?"

他冷冰冰地答道："海瑞特在公司的时间比我还长，她对这里获得成功的每一个人都了如指掌，并且她对人具有极其出色的判断力。"

从总经理的口气中可以判断，海瑞特是企业文化中的牧师，一位不可小瞧的人物。从那以后，我们还发现人事部门中的牧师实在很多。罗伊·约翰逊（Roy Johnson）是在通用电气公司干了多年的人事部主管，也是通用电气公司企业文化中的牧师。人们都知道他拥有很大的权力，但却是隐形的。

耳边私语者

耳边私语者常常是皇冠背后真正的权威，就像艾森豪威尔总统的谢尔曼·亚当斯（Sherman Adams）、卡特总统的鲍勃·施特劳斯（Bob Strauss）、约翰逊总统的克拉克·克里弗德（Clark Clifford）、尼克松总统的约翰·亚列舒曼（John Ehrlichman），他们是行动的原动力，但又不是正式任命的大臣。他们有时候在组织中处于很高的位置，例如这些总统助理。但通常，这些耳边私语者被安排在一个不引人注目的位置上，除了真正的鉴定专家，很少有人知道他们是谁。他们的权威来自老板的耳朵。其他人要想做成什么事，都必须去找他们。

要想扮演这种耳边私语者的角色，必须具备两种关键技能：第一，在几乎没有任何线索的情况下，能够快速而且准确地领会上级的意图，他们的权威依赖于与这位关键人物形成的依存关系。毋庸置疑，绝对忠诚是他们个性中的核心成分。

第二，为了做好工作，他们必须在整个组织中建立广泛的支持体系，并且努力使这个网络得到及时更新，把那些已经在网络中消失的人剔除出去。耳边私语者的知识可能不如牧师那么广泛，但他们知道问题的症结所在。

耳边私语者是一个极具威慑力的人，人们都害怕与他交手。这类人物中一个最经典的例子是哈里·贝纳特（Harry Bennett），他在老亨利·福特“执政”的最后几年里，担任福特汽车公司的安全部负责人。若干年来，贝纳特迎合老福特的心理，在整个公司里建立了谍报和监督网络。当老福特年近 80 岁，健康和反应每况愈下时，贝纳特蓄谋将所有对安全部高级主管不忠的人员都撤换掉。不过，在老福特的妻子克拉拉·福特（Clara Ford）和随后亡故的埃德塞尔·福特（Edsel Ford）的妻子的有力干预下，最终贝纳特并未完全接管公司。在亨利·福特二世就任公司总裁的那天，贝纳特挖苦说：“你接手了这个价值 10 亿美元的企业，但你没有为此作过任何贡献！”

并不是所有的耳边私语者都像贝纳特那样在福特汽车公司扮演着马基雅维利（Machiavellian）式的角色。然而，他们的所作所为常常超出了他们的角色。当新的管理层出现时，他们会成为“颠覆政权”的主要候选人。

小道消息传播者

小道消息传播者就像企业文化中的游吟诗人。牧师们只谈经论典而绝不指名道姓，传播小道消息的人却知道具体的名字、日期、薪酬以及当前组织中发生的各种事情，他们谈论的是每天发生的日常琐事。虽然人们对小道消息传播者心存戒备，但大多数人还是很感谢他们的。如果没有这种稳定的新闻来源，公司生活将会多么枯燥无趣。

不要指望小道消息传播者是那种很严肃的人，也不要指望他们的消息一定正确。他们只是为了消遣和娱乐。仅仅为了这种娱乐的价值，人们就会容忍他们，甚至会喜欢他们。

他们在增强企业文化方面的作用至关重要。说书人创造了企业的神话帝国及英雄人物，而传播小道消息的人则使这个英雄的产生过程更加绚丽多彩——他们通过美化英雄的过去功绩、夸耀他们的最新成绩而做到这一点。说书人和牧师都是一对一单独面对个体进行沟通的，而传播小道消息的人却可以更快地传播消息，因为他们在饭桌上或在喝咖啡的休息时间里会与一群人闲聊。他们有一种独特的能力，即能将消息扩散到公司的各个层级。

与耳边私语者不同，传播小道消息的人并不接近当权者，但是在帮助一个人提高地位和形象方面，他们的作用不可低估。福克斯波罗公司（Foxboro）一直在工业流程控制仪器领域处于领先地位，公司的小道消息传播者将一位总经理塑造成了一位传奇式人物，他们在故事中（这是我们听到的）称他为世界上最和蔼同时也是最节俭的人。

当福克斯波罗公司的总工程师兴冲冲地闯进总经理办公室时，总经理本（Ben）正坐在那里。总工程师兴奋地说：“我成功了。”他给本看了一个小型传感器，这意味着几个月来的紧张工作以成功告终。本说：“好极了，你应该得到特殊奖励。”于是，就急匆匆地在桌子抽屉里寻找，想找到一件能奖励给总工程师的东西，但是他意识到没有一件东西能配得上工程师的贡献，最后他无奈地说："这儿有根香蕉。"他从最下面的抽屉里拿出了这根香蕉。"谢谢!"有些吃惊的工程师一手拿着香蕉，一手拿着仪器回到他的实验室。回去的路上有人问他从哪里得到的香蕉时，他说："我把新仪器拿给本看，他给了我这根香蕉。"说话的时候他仍然带着一脸的困惑。

小道消息传播者听到这个故事之后，立即把它传遍了整个公司，而且几年来一直乐此不疲。后来，说书人也开始传播这段故事。10 年以后，当这位工程师退休时，收到的礼物不是一只金表，而是一根金香蕉。

同时，当需要一位颠覆政权的英雄出现时，小道消息传播者就可能成为群众领袖。他们能提供正式的通报和备忘录背后的"真实"故事。

秘书渠道

办公室文员比管理者更容易穿越公司的阶层等级，并且他们通常有着更敏锐的观察力。如果根据社会层级，你会认为身居高位的人员十分重要。但在文化网络中，你会发现文员或秘书可能更有用。

当我们想以个人身份接近文化网络时，我们首先接触的就是那些关键的办公室文员。他们会告诉我们，公司的真正面貌是什么样的，公司里正在发生哪些事情，谁和谁正在赌气等。他们比其他任何人都清楚这些事情，甚至比 CEO 知道的还多。他们之所以能够做到这一点，是因为秘书渠道是一种很稳定的网络——相对来说他们并不介入事件当中，因此也没有太多偏见。

对于那些职业秘书来说更是如此。他们跟随自己的管理者一步一步地在公司的职位阶梯上高升，当他们成为高层经理的秘书时，已经深谙企业中的各种重大事件，以及日常生活中的各种游戏规则。这就是为什么管理者升迁时，总是愿意把自己的秘书带在身边一起升迁的原因。秘书可以使管理者始终能“听到”事情的真正面貌。秘书们会告诉老板饮水机旁的争论、另一个老板的秘书将要送来的一份备忘录、谁和谁开了个令人不快的玩笑。他们由于不介入任何事件，因而对情况有极好的判断力。正是由于这个原因，他们有时也扮演着牧师的角色。

另外，当管理者升迁时，他们无一例外地失去了与“传言工厂”的接触。不过，秘书则能让管理者听到人们对于官方事件的最新解释，他在这方面的作用是巨大的。秘书还能通过小道消息的网络，帮助老板把他们的行为以故事的形式传播出去。

谍报人员

几乎每一个优秀的高层经理都有自己的谍报人员。典型的谍报人员是那种可以肝胆相照的弟兄——他们对你十分忠诚，并告诉你正在发生什么事。最优秀的间谍会受到众人的喜欢，并能接触到各种不同类型的人。他们能听到所有的故事，并且知道谁是幕后指使者。通常，最优秀的间谍来自企业中的说书人。大多数谍报人员对别人不构成威胁，因为他们不可能继续高升。然而他们都知道，虽然自己在公司中不会获得更高的位置，但只要保持信息渠道的畅通，公司就会器重他们。

他们不是文学小说中的那种置身于险象丛生的环境中的间谍，他们不会偷偷潜入会议室或者翻阅文件柜去刺探情报。真正有效的谍报人员从来不说任何人的坏话，因此，人们不但喜欢他们，而且需要他们。他们非常谨慎，不会以任何方式改变公司的气氛从而影响他人的工作，他们始终谨慎细致地保持着这个重要信息渠道的畅通。

同时，敏锐的谍报人员掌握着公司的命脉。精明的管理者总是设法拉拢他们，并与他们保持特殊的关系。他们会与谍报人员每月共进一次午餐，从中发现从文化网络的这一角中泄露了哪些消息，他们利用谍报人员来核实“传言工厂”中的信息或核对他们从秘书渠道得来的情报。

公司里的新来者也可以成为非常有效的谍报人员，虽然常常是在无意之中形成的。新来者总有一些更新的思路，因此在观察和判断事物上要比老员工清楚得多。而且，新来者尚不知道需要过滤掉那些身为老员工的“明白人”认为管理者不应该听到的信息。

高层经理经常把这些新来者培养成谍报人员。他们会这样问，“头 6 个月你在这里觉得怎么样?”“在那里发生了什么事?”“你对这些变化怎么看?”新员工会由于这种意料之外的欣赏而受宠若惊，他们会说：“是的，我们在某某方面做了一些改变。”然后，高层经理会问：“哦，为什么？能告诉我吗?”于是，年轻人就会告诉管理者他们想知道的一切。有了这次相当亲密的最初交谈，新来者就可能经常带着更多的信息来到管理者身边。

非正式团体

一个非正式团体通常由两个或两个以上的人组成，他们私下里结成团体以达到共同的目的——通常是为了提高他们在组织中的地位。

非正式团体之所以行得通，原因是人在行为逻辑方面有一个鲜为人知的特点，我们称之为虚设原理（dummy theorem）——20 多年前由软件开发人员约翰·芒泽（John Munzer）提出。虚设原理指出，n 个人组成的任何小组中，其中总有 k 个人形同虚设，k 占 n 的比例始终大于等于 2/3，也就是说，在任何一个小组中，有 2/3 的人是虚设的。

为什么世界上会有这么多不声不响的人？虚设原理的解释是，在一个同伴群体中，人们会在与同伴相比的基础上，根据对自我的认知而选择保持沉默或非沉默状态。这是唯一可以用来解释为什么在企业界这么多保持沉默的人却能够获得高薪的理由。下面我们来看看精明的管理者如何把虚设原理运用到实践当中。

三菱公司的总裁曾接受了一次关于日本企业终身雇佣制的采访。记者问："如果一个中层管理者从一开始业绩就很差，你会怎么办？如果你承诺终身雇佣，你怎么和他打交道呢？"

总裁立刻回答："哦，对这个问题我们做过大量研究。首先，我们要检查一下周围的环境，看看是否可以做一些改变来提高他的工作业绩。但是，如果我们实在不清楚为什么他做得这么差，我们就提升他。因为有 72.4％（或者大致这个数字）的可能是，当人们得到晋升后，业绩会立即得到改善。"

通过提升可以改善这个人相对其他组员的对自我的认知。而且通过这样做，显然他将不再采用沉默者的行为方式，而转变成为非沉默者。

不过，还有人在其他组织中更聪明地利用了这一原理，例如彼得·卡拉杰克（Peter Kraljic）给我们讲的"荷兰海军上将的典范"，就是一个运用虚设原理的最佳例子。在同伴群体中，不管是对沉默的人还是对活跃的人，非正式团体都可以左右人们的感觉。其中的道理十分简单。

不久前，荷兰海军中有两个年轻军官彼此订立了一个君子协定。他们决定在海军的各种社交活动中，都站出来告诉别人自己的伙伴是一个多么了不起的人。例如，在出席鸡尾酒会或舞会时，他们会说："查理真是令人难以置信，他是海军中最优秀的人才。"或者说："你听到大卫那个绝妙的主意了吗？"

当他俩都成为海军上将时，才向大家披露了他们的约定。他俩是荷兰海军中最年轻的上将，而他们的这个非正式团体已经影响到了组织中其他同伴的感知；此外，它还有助于英雄的产生。这里的关键是：只要相信就会看到，它比古老的谚语“眼见为实”有效得多。

虚设原理比彼得原理（Peter principle）前进了一大步。彼得原理认为，你可以一直提升某个人，直到他不再胜任为止，一旦他到了这个层级，他的职业生涯也就结束了。而虚设原理则正好相反：只要你能够提高你自己相对于他人的自我意识，你就可以不断进步，并能不断向着更高的层级发展。而提高别人对你的评价是问题的关键，也是非正式团体和同伴群体的任务。

在组织中，非正式团体无处不在。它可能规模很大，如共和党的成员身份；也可能规模很小，如只有两个人，其中一个人总在会议上支持和赞成另一个人的意见。本书的两位作者就是组织效率领域中的非正式团体。当特伦斯参加会议受到一群持异见者的围攻时，他会说：“我的朋友肯尼迪是麦肯锡公司的咨询顾问，他赞成我的观点。”当艾伦去参观某个车间，想要说服别人时，总是这样开始他的演讲：“哈佛大学的迪尔博士这样说……”后面的话实际上是他自己填进去的。我们两人彼此非常了解，知道该怎么做，而且不会滥用这种信任。

非正式团体不仅是提高地位的有效杠杆，而且是一种重要的保护机制——它给予你力量和支持。事实上在强文化中，人们常常在无意识地创造和培养着非正式团体，以强化并稳固他们在公司中的地位和思想。也就是说，有些人可能并不知道虚设原理，但他们在管理上更多运用了这一原理，而不是运用正式规则。

无论非正式团体的规模有多大，关键都是对团体的信任和忠诚。非正式团体的规模可以是无限的，但群体内部必须有对利益的明确认同。从定义来看，非正式团体是针对某个事件而产生的，团体中的成员可以借用其他成员的声望和思想进一步达到自己的目的。在非正式团体内部，这一点是可以接受的。这实际上是一项公平的交易，而共享的价值观和经历则滋养着这个非正式团体。

强文化的企业会有意地发展非正式团体，因为当企业利益与团体利益相匹配时，其结果是形成了强有力的管理杠杆。例如，IBM 公司非常灵活地运用了非正式团体，它通过设定配额，使 80%的销售人员赢得了进入百分百俱乐部的机会。实际上，是不是俱乐部成员并没有实质性的区别。IBM 公司只不过是想淘汰 20%较差的销售员，俱乐部就是一个由 IBM 公司控制的非正式团体，它对优秀销售人员的界定就是那些被百分百俱乐部接纳的人。而这些人也会感到自己具有特殊的身份，并且常在自己的工作简历中提到百分百俱乐部。

通用电气公司邀请了一个经过精心挑选的非正式团体参加贝尔艾尔会议（Bel Air Conference）。公司前员工科特・沃内格特（Kurt Vonnegut）把贝尔艾尔会议称为“在‘第五屠宰场’（slaughterhouse-five）进行的公司野餐会”。会议在每年 1 月举行，只有总经理以上的人物才有资格参加。现在会议的规模已经相当庞大，以至于有些人只能每两年参加一次。会议的真正内容不是完成工作、交流意见或者打高尔夫球，而是为了祝贺那些成为公司总经理的人，而这正是那些雄心勃勃、一心想向上发展的人所期盼的。如果你在通用电气公司愿意去任何地方，你就能在 35 岁时成为总经理。这个会议就是个非正式团体，每个得到晋升的人都想得到认可，他们会相互问道：“你今年打算参加贝尔艾尔会议吗?”而那些开完贝尔艾尔会议的人则故作神秘，不透露在那里发生的任何事情。

在创建这个巨大的非正式团体时，通用电气公司把这些管理者当作圈子内部的人员，这样做比分别针对每个管理者提出建议或要求有效得多。在沟通企业的原则时，使用“我们”是一个非常聪明的策略。“这是我们大家的事”一句话就能够调动人们的情绪，因为它使人们将自己认同为群体内的一个分子，而不是独立的个体。加强非正式的小团体就等于加强企业文化建设。精明的管理者会利用非正式团体来增强激励效果。

管理者对非正式团体的真正兴趣还来自这样的事实，即非正式团体是组织内部一种强有力的亚文化。管理者很难同时应对成百上千的员工，因此，只有积极培养小团体并把它们团结起来，才能推动全体人员朝共同的方向发展。

但这种做法也可能最终适得其反。哈罗德·吉宁在 ITT 公司建立了一个仇视自己的管理者团体，这个团体中的成员同病相怜，他们彼此之间的亲密程度超出了公司内部的任何关系。吉宁发现这非常有用，因为他推崇高度竞争性的管理模式。吉宁如果想要使这个非正式团体对自己有利，就必须放松控制，并允许这个非正式团体实施它的大部分建议。因此，他鼓励这个团体与自己作对。这样做导致了公司的管理更加有效，在公司内部会产生一种共同的目标，其结果是组织有了更强的凝聚力。然而，一旦吉宁离开，这个团体就没有必要再斗争下去。

在一些产业，尤其是高新技术产业中，非正式团体会因为跨越了企业的边界而具有破坏性。例如，计算机程序员都倾向于更忠诚于自己的职业而不是任何一个组织。因此，他们常常会不加考虑地跳槽，总是想接受下一个挑战。其结果是在快速成长的企业中，常伴有非常高的员工流动率，而企业的创新精神也会遭受重大损失。

管理文化网络

至此已经很清楚，文化网络是组织内部强有力的沟通工具。无论规模大小，每个公司都拥有说书人、牧师、小道消息传播者、谍报人员、耳边低语者和非正式团体来传播、修饰和强化企业文化的价值观。在大公司，各个子公司或各个部门都拥有一份自己的“演员表”，当然它们仍与总公司保持着广泛的联系。在弱文化中，这个网络完全被谍报人员和觊觎王位者独占，他们彼此竞争以决定人员的进出。但在强文化中，文化网络传播着企业的信念和价值观。这些信念和价值观使文化保持活力，并且渗透到各个阶层、各个部门和每个员工的心中。

文化网络是非正式的，然而毋庸置疑，其规则是十分严格的——只不过它们都是不成文的。你必须清楚了解它们，否则就难以在文化中立足。甚至只要忘记其中的一点，你就会在公司里被孤立，被人当成是一个不懂得这里做事规则的人。新员工不会得到这样一本小册子——在此工作的 50 000 条非正式规则须知，管理者也不会明显地按照这些规则进行管理，但是，这些规则支配着在组织中发生的大量事件。我们相信你不可避免地会参与到文化网络中，你要做的只是利用这些活动从而使它们对你更有利。

我们来看一看一家公司的文化网络是如何运作的。这家大公司新来了一位很有进取心的 CEO，他对公司生产效率的落后十分担忧。公司在市场上突然遇到了很多竞争对手，并且正在失去原有的市场份额。这位 CEO 并未因此而有丝毫退缩，他开始着手处理这些问题。不久，在他的带领下重新组建了销售队伍，并制定了一套新的销售奖励方法。他把这些建议写下来并在公司内广泛宣传。这种沟通有效吗？肯定是无效的。为什么？因为像这样的通告以及这样的传达方式仅仅是沟通过程的开始。让我们来看看这些文字传到办公室时发生了什么事。

首先见到这份文件的是秘书们，她们收到了给自己的文本，并很有兴趣地注意到自己的上级也收到了一份。他们每个人都花了 10 分钟时间仔细读了一遍备忘录。无论如何，他们能直接从 CEO 那里得到备忘录的机会并不多。到目前为止，一切还算顺利！

第一位秘书看完后，就等着其他人将它看完。

“这是什么意思?”他们都想知道这一点。

“我不知道，”有人回答，“也许公司遇到了麻烦，我希望我不必因此而另找工作。”接下来的 45 分钟，秘书们没有再干其他事情，而是作为文化网络的一端在工作，他们讨论公司是否正在走下坡路，直到“牧师”进来，这场谈话才算结束。“牧师”是一位在公司干了 17 年并且经历过各种局面的女士，她说：“这并不意味什么，艾尔在 1976 年也发过这样一份备忘录，结果什么也没发生。”第一轮讨论到此结束。

第一轮讨论后的记录是：

信息沟通：10 分钟的阅读时间。

文化网络：45 分钟的讨论时间。

当他们的老板来到办公室并取走自己的信件时，第二轮讨论开始了。秘书们密切注视着老板对备忘录的反应。他走进办公室，用了 5 分钟时间浏览了一遍备忘录，然后拿起电话。秘书们明显地松了一口气。

“你好，查理，我是比尔，你看到亨利的通告了吗？老弗雷德在这场改组中真的输掉了。当年度销售会议发言人的名单上没有他的名字时，我就知道他已被排斥在外了。”接下来的半小时里，两个朋友谈到了重新改组的政治背景以及他们的个人命运。他们的结论是这些活动不会给销售队伍带来任何真正的改变，因为销售人员在市场上仍然日复一日地面对着同样的状况。

第二轮讨论后的记录是：

信息沟通：共 15 分钟时间。

文化网络：共 75 分钟时间。

然而，事情并未就此结束。公司的 CEO 知道文化网络是如何运作的，他恰到好处地对于重建现场销售队伍所产生的直接影响不予理睬，他相信自己知道问题的症结所在：他的销售人员已经习惯于不经过针锋相对的竞争就轻易拿到订单，这正是他的奖励计划要针对的问题。于是，第三轮沟通开始了。第三轮沟通的目的是通过文化网络向销售队伍直接提供榜样。

为了启动第三轮沟通，这位 CEO 首先要求销售现场每周给他一份他们正面临的竞争问题的清单，然后他会每周抽一天时间到现场工作，以解决其中的一个问题。对于一家拥有几十亿美元资产的大公司的 CEO 来说，这种时间分配是否听起来有些怪异？其实不然。

这位 CEO 是在另一家很有竞争力的、销售取向的公司开始他的职业生涯的。他自己曾经是个一流的销售人员。不久，文化网络中流传着这样的故事：“你听说了吗？查理上周五在奥马哈市拿到了石油分销商的订单。当他给我们看这些订单时，我们简直不相信自己的眼睛。由于这桩买卖，他作为销售人员得到了 500 美元的奖金。他使客户相信我们机器的可靠性比客户想买的日本机器强两倍。”

记录：文化网络再度胜出——但这次是因为管理者知道如何利用它。这位 CEO 在销售部门的开拓故事被人们反复讲述着。直到今天这个故事依然在流传，虽然这一事件本身已过去了很多年。

开发文化网络

我们认为，管理者要想知道人们在组织中的真实想法，并且影响人们的日常行为方式，就必须灵活地运用文化网络。

管理者如何开发这个网络呢？你可以在公司里询问，管理顾问一直是这样做的。例如，你可以去问 20 个人："你觉得自己的工作量大不大？"听他们怎么回答，然后推断出他们的真正感受。或者让一个中立方去问他们："你认为××的真正特权是什么？你认为迪夫在这些特权上花费的时间是否合适？"看他们怎么回答。

但实际上人们不会这样去问自己的下属或同事："你怎么看？"因为这样做只能得到虚伪而夸张的回答。一位精明的网络利用者能够突破这些等级界线而进入隐藏的等级体系。

运用文化网络有一套简单而直接的程序。那些能最好地利用文化网络的有效管理者通常具有以下特点。

他们明确认识到文化网络的存在及其重要性，而不是仅仅停留在表面感觉上。

他们通过培育一个可以恰当地与自己接触的文化网络——特别是在关键的说书人和牧师的圈子里，确保自己属于网络中的一部分。培育这种网络时有四个要点必须铭记在心：

● 以不同方式对待与你打交道的人可以为自己日后成为 CEO 打下基础。一个人的正式等级头衔可能表明他并不特别重要，但是，组织里的每个人还有其隐含的在文化网络中起重要作用的角色。局外人可能并不知道这个角色。你应该像对待文化网络中极受人尊重的牧师那样，对待与你打交道的每一个人，也许，他真的就是个牧师。

● 请你遇到的人解释一下所看到的事情有什么意义。问问他们事件的历史根源。文化网络的说书人和牧师并不会佩戴着徽章来表明自己的角色，所以，你必须根据他们对问题的回答来判断他们是什么样的人。如果你询问某个事件的意义，而你碰到的人用几件名人轶事回答你的问题，你也许就发现了一位说书人。如果你询问一个事件的历史根源——几乎每个人都喜欢问这种问题，那些能对这些历史事件记忆清晰并解释得很完美的人可能就是一位牧师。你如果不去问他，就不会发现他。

● 请教你碰到的每一个人，你应该去和哪些人交谈。最好的办法是问你碰到的所有人："还可以去找谁以得到更多的信息"？如果你问 5 个人"还能有谁呢"，很可能他们会提到一些相同的名字，更有可能的是这些人中的某一位就是文化网络中的说书人。

● 当你找到了说书人时，应该和他们建立起特殊的关系。只要你在和人们进行接触时留心观察，那么认识说书人和牧师就只是个时间问题了。当你发现了他们时，要对他们友好并让他们发挥作用，因为他们对你非常重要。他们的作用就是传递消息和解释事件，如果有些事情发生后你却无法理解，那么就请他们来解释一下。如果你不这样做，他们反而会感到奇怪。

运用文化网络者培育了向组织各层级人员传递大量信息的人。如果你不经常去接触文化网络中这些人的生活，就无法影响网络。对于经验丰富的秘书来说，这一点尤其正确。他们经常靠这样来打发每天的时间。了解人们的个人信息，如家庭、爱好等，会鼓励互惠行为的出现。如果你不断维系并重视与这种亚文化群的关系，那么一段时间后，它会在你意料不到的时候帮助你出色地完成任务。

运用文化网络者广泛运用轶闻趣事来强化他们看重的价值观。他们时常将自己置身于某个场所，凑巧的话，一个故事便会诞生（例如和大伙一起去喝酒）。

他们寻找友谊。组织是一群人的集合体。特别是在企业界，如果人们不想这样做，就不必聚集在一起。尽管如此，作为社会性动物，人类还喜欢与周围的人交朋友，这种友谊（实际上就是非正式团体）已经成为文化中个体互相支持的重要部分。

朋友能让你始终了解正在发生的哪些事情可能与你有关。朋友会使文化中对你的描述更为有利；当你消沉的时候，朋友会让你精神振奋；当你遇到看似无法逾越的障碍时，朋友会和你同甘苦共患难；在你需要他们时，他们会尽其所能帮助你。文化中的每个人都需要朋友的支持。

运用文化网络者依靠网络在组织中扩大与别人的交流。更重要的是，他们相信文化网络，相信它能以最有效的方式实现他们的目标。

02

第二部分

企业文化实践

第6章

公司部落：对文化的认同

在前几章中，我们着眼于分析企业文化中的各个要素。现在，我们要将价值观、英雄人物、礼仪和仪式等内容结合起来，看看它们是如何在公司内部起作用的。本书第二部分关注对文化的管理，也就是说，如何理解、分析和塑造文化，以及当变革势在必行时重新塑造文化。第二部分的多数内容都只是个人建议，仅供参考，不宜照搬。我们旨在用一种不同的方式看待组织内部的管理，希望能以此给管理者和员工提供一个新的角度。

前面我们已经谈到，在企业文化方面，最重要的影响因素是企业所处的更广阔的社会环境和产业环境。企业文化体现了在这种环境中什么样的方式能够成功。如果强行推销是成功所必需的，企业文化就会鼓励人们去努力推销；如果周全的技术决策是成功所必需的，企业文化也会保证这种决策得以实现。

我们对数百家企业及其经营环境进行了调查，发现可以把众多的企业文化归纳成四大类型，这些类型又是由市场中的两类因素决定的：其一是与企业经营活动有关的风险程度，其二是在决策或战略是否成功方面企业以及员工得到反馈的速度。从市场现状来看，可以归纳出下列四种主要的文化。

硬汉型文化

这是一个个人主义者的世界，他们通常选择高风险的工作，并能迅速得到自己的行动是否正确的反馈信息。

努力工作/尽情玩乐型文化

娱乐和行动是这里的原则。员工们承担低风险的工作，并能得到快速反馈。为了取得成功，该文化鼓励他们进行那些低风险但高强度的活动。

赌注型文化

这种文化的特点是包含孤注一掷的决策，员工需要等待若干年，才能知道这一决策能否取得效益。这种环境中风险很高，但反馈很慢。

过程型文化

这种文化下反馈很少甚至没有，工作绩效很难评估，取而代之的是，他们更注重过程。当过程失控时，我们也可以用另一种方式——官僚——来称呼这种文化。

当然，把企业文化划分为这四种有些过于简单化，当今世界上没有一家企业的文化会与这四类中的任何一种完全相符。事实上你会发现现实世界中，任何企业都是这四种文化类型的混合体：市场部是硬汉型文化；销售部和生产部是努力工作/尽情玩乐型文化；研发部处于高风险、慢反馈的世界；财务部则处在官僚生活的顶层。

另外，拥有强企业文化的公司（这种公司是我们最感兴趣的企业）更是很难完全符合这一简单的分类模式。这些企业的文化将四种文化类型中的最佳因素完美地融合在一起，这种融合使企业在环境不可避免地变化时，依然能够良好地运转。尽管如此，我们还是认为这种框架结构有助于管理者了解自己企业中的文化。下面，让我们来分析一下每一种文化及其在组织内部是如何运转的。

硬汉型文化

在投资风险很高而且反馈很快的硬汉型文化里，一夜之间你可能会功成名就，也可能会一败涂地，这是企业文化中最令人心力交瘁的一种。警察局是这种文化的一个典型例证，此时赌注常常是生命。外科医生的工作也是如此。然而，市场中还有其他很多组织也属于这一类型：建筑业、化妆品、管理咨询、风险投资、广告、影视、出版、体育运动——实际上应该说是整个娱乐产业。

它们的投资通常相当巨大：强势的广告宣传、奢华的建筑计划、整个秋季的电视播放、耗资 3 200 万美元的一部电影、一场世界大赛。当然，反馈也十分迅速，通常时间最长不会超过一年。公司很可能在短短一个季度之内就能清楚地看到自己的产品是否对路。在更极端的例子，例如百老汇的演出或电影首映式中，其反馈是立竿见影的。

例如在建筑业中，一个隧道挖掘队向我们形容，最后一段距离的爆破过程就像是“拔塞子”，他们只有一次机会去“拔塞子”。如果他们过于周全或过于担心，会导致在炸药的使用量上过于慷慨，从而使周围地带受到破坏；另一方面，如果他们过于谨慎，则又可能使隧道进水从而前功尽弃——包括所有的工程设计、所有的勘探努力以及花费的所有时间。这就是一种高风险、快反馈的活动。

硬汉型文化倾向于是年轻人的文化，它看重速度而不是持久力。在这种文化中，不采取行动与采取行动同样重要。如果汽车制造厂的经理拖延了产品设计更新的决策，而旧款的汽车又卖不出去，结果很可能会使该经理下台；如果更新了设计，新车销售势头极好，则该经理将会成为明星。当然，它的经济效益也来得很快，我们周围所有 28 岁前就成为百万富翁的人都是这种文化的产物。然而，巨大的工作压力和紧张的工作节奏常常会使他们在步入中年之前就筋疲力尽。

这种环境中全或无的特性（要么赢得一切，要么输掉所有）看重的是冒险精神，并相信“我们能赢得巨大的成功、伟大的胜利”等。这些口号反映了企业追求最优、最大、最好的价值观，例如“制作最出色的广告”（李奥贝纳广告公司）、“最终的聪明之举”（一家技术发明公司）。

幸存者 / 英雄人物

强硬是这一文化的别称。迅速作出决策并承担可能很快就被证明是错误的风险，需要有一个强硬的态度。内部竞争也是如此。为了获得尊敬，职位较低的人必须击败职位较高的人。因此，每次会议都会变成一场战争。职位低的人如果不投入战斗，就会被视为无足轻重并被立即解雇。无论他正确、错误还是冷酷无情，有成功希望的人一定是有进取心的人。

这种文化下的幸运者必须保持强硬的态度，因为任何人都在伺机超过你。在一个拥有硬汉型文化的企业中，一位新来者询问一名资深员工："想要成功应该学会做些什么？"资深员工回答："要学会永远不在公共场合下哭泣。无论事情有多糟，要哭就回你的办公室私下去哭。"

年轻的员工感到奇怪："可为什么要哭呢？"

"哦，当你处于劣势情境时，有人会狠狠打击你。"

"他们会是谁？"

"他们无处不在！"资深员工说，"他们是你的同事、你的顾客。他们会使你沮丧，特别是在你情绪低落的时候。千万不要哭泣。你若哭泣，他们会将你撕成碎片。"

"好的。还有其他的吗？"年轻的员工鼓足了勇气再次问道（或许是因为太害怕而这样问）。

"你可以大喊、大叫，甚至大骂。当情况令人沮丧而你又不能在众人面前哭泣时，表达一下自己的情绪是很正常的，尤其是那种可以对环境产生重大影响的情绪。所以，你如果真的失望，就对着那个人破口大骂，然后愤怒地冲出他的办公室，赶紧回到自己的办公室一个人哭泣。可不要忘了，千万别一开始就哭！"

能在这种文化下很好地生存下来的人是那些有赌博精神、可以孤注一掷的人，他们需要即时的反馈。这是一个个人主义者的世界，对他们来说，成为团队的一分子并不会有任何奖励，他们的目标是成为个体明星。这种文化随时都有可能在一夜之间造就一个明星——在风险投资中赢得一笔大买卖的天才、在曲棍球比赛中拿下决定胜负的一分的球员、彻底改变了《财富》500 强企业排名顺序的管理顾问、将一本处女作从废纸堆里拣出来并使其成为畅销书的出版社编辑。当然，这些名声也会突然消失，就如它突然来临一样。当运气不佳或者受到责备时，明星也会被扫地出门。正如一句老话所说：“你没比你的上一部影片演得更好。”

这种明星性情急躁，然而硬汉型文化却能够容忍他们。因为如果明星不存在，硬汉型文化将会一无所有。实际上，叛逆英雄就是这一文化的代表人物，他们可能行为粗野，但只要每次行动都能打开成功之门，他们就是英雄。由于被称为硬汉型文化，它可能对女性有一定的性别歧视。无论如何，明星就是明星。

仪式的重要性

机遇在硬汉型文化中起着重要作用。这一次成功，下一次未必会再度成功。因此，员工们会设计出“仪式”以尽力“保护”自己，以免成为环境难以预测的牺牲品。例如，硬汉型文化中的人总是强调和夸大其工作中“解决问题”和“制定战略”的重要性。不要相信这些东西。它们不过是一张安全毛毯，能使工作程序缓慢下来，并给员工带来一种安全感。任何程序都可能成为害怕冒险和犯大错的暂时避难所。这就像外科医生处理疑难病症一样，手术时他们会遵循一套程序，即使试验性的也是如此。如果病人死了，医生会说：“我尽了全力。”为了更好地保护自己，他们把学位证书挂在墙上，书架上堆满了医学专业杂志，他们所传达的信息是——我一直在钻研，我不断更新自己的学识，我过去所做的所有程序都是正确的。如果你是那个死者，就会明白这套程序的作用，也就会不太相信这些论证过程。然而，医生却会如此。

这些仪式在硬汉型文化中会演变成一种迷信，它帮助个体相信自己有能力做得到，然后去做他们应该做的事。1982 年冬季，哥伦比亚广播公司（CBS）晚间新闻的收视率下滑，沃尔特·克朗凯特（Walter Cronkite）被迫离职。而对于播音员丹·拉瑟（Dan Rather）来说，这一角色显然是很难胜任的。美国广播公司（ABC）和全美广播公司（NBC）很快挤进来，并开始夺走曾经显赫一时的哥伦比亚广播公司的观众，新闻部经理对此非常紧张。当时正值寒冷的冬季，播音室里很冷，所以拉瑟播音时会在夹克里套一件毛衣。然而，就在他穿上毛衣后不久，收视率开始攀升。拉瑟很快就在毛衣与成功之间形成了一种迷信，这种迷信甚至暗示他，即使在夏季也要继续套上毛衣。

史蒂夫·卡尔顿（Steve Carlton）——费城费城人队赛杨奖（Cy Young Award）的获得者——始终迷信只有在接球手吉姆·麦卡弗（Tim McCarver）上场时，自己才会投掷成功。甚至当麦卡弗的球技已走下坡路时，卡尔顿还一直坚持把他留在职业棒球大联盟中整整 5 年。麦卡弗与棒球的投掷有什么关系吗？没有。二者之间不过是一种快速的结合，就像警察局里同伴之间形成的磁性吸引力一样。事实上你要相信自己的同伴是那个会救你脱离危险的人。

这种联系常常是独特和排他的。在一些文化中，明星们密切联系在一起，以免“魔法”消失。一些成功投资了一系列项目的风险投资者会形成一个关系密切的非正式团体，他们声称是他们的“魔法”使事业得以成功。其他人不能加入这个小团体，否则运气就会变坏，他们称之为“处于运道上”。这一策略可以追溯至拿破仑，他总是坚持只带“幸运的人”上前线——以防万一。

优势与劣势

硬汉型文化使企业能在风险高、转向快的环境中完成其经营业务。

在这种产业中，成功的公司试图把个体明星从那种高赌注的不确定性和折磨中解脱出来。当令人窒息的赌博成功之后，就会给予他们高额奖励。

通过建立密切联系和解决问题的仪式，在价值观中把承担合理的风险视为美德，把确保稳定视为不可宽恕的罪行，明星文化推动着这个产业不断前进。他们扩大了我们需要的冒险家的就业机会，如雷吉·杰克逊（Reggie Jackson）、亨利·福特和赫莲娜·鲁本斯坦。

然而，他们的强项也正是他们真正弱点的根源。硬汉型文化注重快速反馈，总是转移资源而不放在长期投资上。长期而持久的坚持对他们来说毫无价值，但这种短期的行为取向会带来许多问题。首先，争当明星的竞争是如此激烈，以至于合作的美德被人们抛诸脑后。另外，这种文化带有迷信色彩，也逐渐使人们丧失了从错误中学习的能力。硬汉型文化由于容忍暴躁的坏脾气，从而培养了不成熟的表现，通常高级管理层鼓励这种态度，乐于欣赏相互之间的竞争。总之，这是一种奖励暴躁易怒、目光短浅和唯心迷信的文化，人们在这种文化中不可能取得持续的成功。在短期内失败会导致很高的人员流动率，因而在硬汉型文化中很难建立一个凝聚力强的牢固文化。

努力工作 / 尽情玩乐型文化

这种文化通常植根于那些生机勃勃、运转活跃的销售型组织，包括房地产公司、电脑公司、汽车销售商、所有上门推销的销售公司（如安利公司、玫琳凯化妆品公司），以及其他行业的公司，如麦当劳或菲多利休闲食品公司（Frito-Lay）这样的大众消费品公司、施乐或必能宝（Pitney Bowes）这样的办公用品制造商，以及几乎所有的零售商店，不过布鲁明戴尔百货公司（Bloomingdale's）除外，它认为自己符合硬汉型文化。

在这些公司中，员工们生存的世界风险很低（任何销售代表都不会因为一次销售状况而被定义成败），同时又有着快速而密集的反馈信息（销售代表要么得到订单，要么没有得到）。在这个领域中，行动意味着一切。员工只要不断努力，就一定会达到目的。成功来自坚持不懈——多到顾客中走走，多打打电话。

当然，在任何一种企业文化中，销售部门都符合这种模式，但它也同样适用于制造产业。大多数工厂的工人都日复一日地重复着自己的工作，这种工作的反馈速度很快——如果有什么事情出了差错，每个人都能立刻知道。在这种文化下，几乎没有真正的风险，因为系统具有足够的自检和平衡功能，使得工作远离较大的风险。

这种文化的主要价值观集中在顾客及其需要方面。如果说硬汉型文化树立的是“寻找一座山峰并征服它”的信念，那么努力工作/尽情玩乐型文化树立的则是“发现顾客的需要并满足它”的信念。提供优质的顾客服务这一思想渗透在大多数这种组织中。“IBM 意味着服务”可以说是这种价值观一个标志性的口号。数字设备公司接受了 IBM 公司的这种思想，并进一步发展成“体恤顾客的销售”这一口号——意味着销售代表要待在市场中努力接近顾客，深入了解顾客的需求所在。

再来看看麦当劳公司。专家们认为，这家公司之所以能取得成功，并不是因为汉堡包做得更出色，而是因为员工在柜台前转身的速度更快。它成功的秘诀在于——通过数量来降低固定成本。不过，这还不是全部秘诀。麦当劳公司在它的员工和特许经营店中树立了这样一个成功的经营理念，即“质量、服务、清洁、价值”（QSCV）。任何一个新的特许经营商从进入汉堡包大学的第一天起，就被反复灌输这个主题，从而成为真正的信徒。所以，强有力的文化正是麦当劳成功的秘诀。虽然并非所有公司都是由销售推动的，但美国的一些成功公司多多少少都会被这种行动取向的文化吸引。道理其实很简单。从绩效角度来看，在一个动态环境中，最常见但又最糟糕的事情可能就是停滞不前。为了抵制人类这种自然的行为倾向，优秀的管理者会努力灌输行动取向的文化。“尝试去做，巩固这种行为，然后照此行动”成为公司的经营理念，就像惠普、英特尔、数字设备公司以及其他公司那样。这些公司的管理者告诉员工：竞赛就是要快速制胜。他们要求员工始终保持高水平的积极性和创造性，以确保始终处于竞争状态。

幸存者 / 英雄人物

这种文化中的英雄是那些极其优秀的销售人员，这些人巧舌如簧，不但能轻松地把一间圆顶冰屋卖给因纽特人，而且能同样轻松地将它卖给太阳崇拜者。与硬汉型文化中的英雄们不同，努力工作/尽情玩乐型文化中的英雄用数量而不是赌注的高低，来衡量工作的价值。

这种文化下最优秀的人是那些对人友好、欢快热闹、善于交际的人。他们从不担忧，也不迷信。在硬汉型文化中任何成功的个体都会成为明星，而在这里团队能够赢得一切，因为任何个体都不存在真正的差异。群体产生数量上的变化，这就是为什么销售人员的俱乐部和竞赛会如此重要，因为每个人都想成为优胜小组中的一员，然后到夏威夷去旅行。

礼仪与仪式

这是这种文化中尽情玩乐的一面。在这种文化中，娱乐成为与紧张的销售生活相对应的另一面。与其他文化相比，这种文化着迷于积极的娱乐活动。竞赛、会议、产品推广会、集会，所有这一切都被用于保持员工旺盛的工作动力。其中典型的例子包括坦德姆公司每周的啤酒聚会、特百惠公司（Tupperware）的员工大会、玫琳凯化妆品公司的研讨会。IBM 公司在年度集会时发现，让销售人员去军训，可以进一步强调不断进取和征服困难的精神。IBM 公司的主题歌反映了这种文化的核心价值观：

> 永远向前，永远向前
> 这是我们的精神，它带给我们声望！
> 我们强大，而且将会更加强大
> 我们不会失败！
> 为人类服务是我们神圣的信念
> 在世界的任何角落都有我们的产品
> 我们的信誉犹如宝石，光芒闪闪
> 我们始终奋斗向前
> 我们有信心去攀登新的顶峰
> IBM，永远向前！

在努力工作的文化中，语言是企业仪式中的一个重要组成部分。完美的推销艺术在人们心目中享有特殊的地位；此外，还有销售人员的幽默风趣、运动比喻以及适度夸张（例如有人可能告诉你，昨晚他们去旅馆房间里做了许多恶作剧）。硬汉型文化则与此不同，明星英雄们经常炫耀自己，因为这是提高他们自我地位的一种方法。一位明星会说，“这是有史以来我完成的最完美的项目”，而一位超级销售员则会说，“这个顾客是世界上最难对付的，而我们把他攻下来了”。其实他们说的是同一件事。

优势与劣势

努力工作/尽情玩乐型文化帮助许多公司取得了成功。如果公司的目标是迅速提高或改变产品的质量，这种文化就是行之有效的。对于那些适应快速而明确的反馈活跃人士来说，这是一个理想的环境。这种文化促使美国市场上所需的大众消费品成为可能——它比其他任何一种文化都更胜一筹。

但是，它也存在严重的缺陷。在这种文化下，人们常常会匆匆忙忙生产和销售更多的产品，生产数量会取代质量。这种文化最糟糕的地方在于缺乏思考或考虑不周，它可能因为追求简便而弄巧成拙。而且，努力工作/尽情玩乐型文化也会被成功误导，令他们忘记今天的成功可能会导致明天的失败。尤其是高新技术领域的公司，它们可能会在一夜之间成为产业巨人，但这种繁荣也可能转瞬即逝。

当企业陷入困境时，这种文化往往寻求快速修复的解决之道。和硬汉型文化一样，员工们倾向于注重短期利益。当销售人员的幻想破灭时，这种文化会导致很高的人员流动率；另外，销售人员也很容易变得玩世不恭。当人们的行动无法产生预期的结果时，他们会选择去别处工作，而不是寻找问题的症结所在。员工们不会在企业里待很久，与企业共渡难关。他们更关注的往往是行动，而不是公司。

同样，当速成式的解决方法失去存在意义时，精力旺盛者也会变得玩世不恭，努力工作/尽情玩乐型文化需要的那种精力会随着人们年龄的增长而逐渐衰退。这种文化常常是年轻人的文化，他们在寻找一个地方以证明自身的价值，是行动吸引着他们。这些人是生理上的年轻人，而硬汉型文化中的人则属于心理上的年轻人。如果公司无法留住那些年龄稍长的员工，那么这种文化就会因此而失去一些最宝贵的经验和教训。

明智的企业会花费大量的时间来尝试解决这些问题。首先，它们会致力于维护产品的质量以满足顾客的要求，鼓励员工放慢速度、在决策时三思而后行。IBM 在整个公司里挂着“慎思”的标语，以防止冒进的销售态度出现。它们努力在质量与活力、稳定与发展上寻求良好的平衡，但这确实很难做到。

赌注型文化

这种文化下的生活常常风险大而且反馈慢。“慢”在此处并不意味着压力的减轻；相反，它意味着要持久地承受压力。它意味着你需要在一个项目中投资几百万甚至几十亿美元，而经过若干年时间开发、提炼和检验后，你才能知道这个项目能否取得成功。例如，美孚石油公司拟投资购买 5 亿美元的钻探设备，用于开发乔治湾的油田；波音公司花费几十亿美元来建造波音 757 和 767 飞机；美国宇航局承诺斥资数十亿美元用于太空飞船的科研项目。这些都是投资巨大的项目，而且所有这些项目能否成功都将在数年之后才能知晓。

这种文化下的企业有资本性商品公司（capital-goods company）（例如辛辛那提米拉克龙公司或卡特彼勒公司）、采矿和冶金公司（如美国铝业公司和肯尼科特公司）、大集团公司、石油公司、投资银行（如摩根士丹利银行和波士顿第一银行）、建筑公司、电脑设计公司以及一些保险公司。我们也把海军和陆军部队包括在内，因为它们花费亿万美元用于战备，却可能永远也不会打仗。

这些企业中的人不像硬汉型企业中的人那样拿自己的职业去冒险，他们常常是拿整个企业的未来去冒险。这些巨头们也许不会因为一个投资决策的失误而步履维艰，但两个错误决策就有可能要了企业的命。

作出正确决策的重要性使得企业上下都深刻认识到深思熟虑的价值。在这种文化中，时间是以年或月，而不是天或星期为单位的。一次，在一家资本性商品公司的会议上，有人提出了一个当时人们无法回答的问题。参会者中没有人因此而大惊小怪。会议因此停了下来，人们回去用了两周时间分头寻找答案，然后再继续开会解决问题。而其他企业文化的方式则可能是“先将这个问题搁置一旁”，立即转向其他议题而结束会议。在反馈速度较快的环境里，管理者通常要为了一个两小时的会议而审阅长达 100 页的报告。而在赌注型文化中，总共可能只有 10 页的内容需要审阅，但可能要花两个小时去讨论每页纸上的内容。

这种文化的主要仪式是公司会议。虽然处于企业不同层级的人员都会出席会议，但他们的座位却按严格的等级顺序排列，只有资深员工才可以发言。一旦得到了所有的信息，决策会自上而下地进行。而在循环周期较短的企业里，决策速度会更快，因为这种组织的结构是扁平化的而且更不正式，即使作出了错误决策也没有太大关系，总会有机会进行纠正。

这种文化的价值观关注未来以及对未来投资的重要性。“发展和进步是我们最重要的产品”（通用电气公司），“通过化学使美好的生活变得更加美好”（杜邦公司），“美国铝业不能坐等明天的到来”，这些信念的核心内容阐述了这样一种思想，即只要有好想法就应该有成功机会。3M 公司认为，“永远不要扼杀思想，要善于引导它”。在 3M 公司，员工条理清楚、逻辑严密的一句话就可以成为新产品提案中的一项草案。

幸存者 / 英雄人物

你如果缺乏足够坚强的性格和信心支持自己度过漫长的等待期，就不会成为这种文化中的一员。这种文化中的人和硬汉型文化中的人一样，坚定而且能自我导向；另外，他们还需要具备坚强的毅力，能够忍受漫长的一段没有或几乎没有反馈的不确定时期。

这些人行动从容不迫而且深思熟虑，他们要确保决策的正确性。他们花费很多时间作出决定，然后再审核每一项要素。他们一旦下定决心，就不会轻易改变自己深信的东西。

这种文化下的幸存者都敬重权威和技术力量。当组织无力经受失败时，那些曾经证明自己是正确的人会赢得众人的尊重。这里的英雄通常都是坚持不懈的人，他们曾经被解雇或受到排挤，却依然坚持自己的大型项目，直到它变为现实。英雄人物的重要性在于，他在艰难时刻给人们提供了心理上的支持。

这种文化绝不能容忍的是不成熟的表现。年轻人会在很多年里从事一些无足轻重的工作，而且他们要认认真真地去做这些事情。对员工的评价可能需要数十年的时间，高层管理者会说：“他不过是一个年轻人，给他一个机会”或“他才在这里干了 5 年，下任何结论都为时太早”。

而在努力工作/尽情玩乐型文化中，如果有人说“他都在这里一个月了，什么事都没做”，意思就是“他正在被淘汰”。

分享来之不易的知识是成功的另一要素，因而，大家非常依赖于其他人，并能真诚友好地对待其他人。就像结婚一样——他们不得不在赌注型文化中保持着这种联系。在硬汉型文化中，相互诋毁十分普遍，但在这里却没有市场，取而代之的是对权威的尊重和信赖。年轻的员工敬重自己的导师，把他们视为公司的顶梁柱。例如，人们都很乐意听从上级的安排，因为他们知道这位上级可能不止一次地经历了重要项目的等待期，而且结果表明他作出了正确的决策。而这种经历正是他们所敬仰的。

优势与劣势

赌注型文化在它们所处的环境中是最理想的。很明显，前两种文化以快速修复/即时满意为特点，如果把它们放在美国军方的核武器部门，则会导致灾难性的后果。许多核工程师永远也不知道他们所做的工作是否有误；同样，我们也不希望他们知道这一点，因为我们的生命和财富可能会成为这种反馈的一部分。

赌注型文化会带来优质的创造发明和重大的科学突破，它有助于推动国家经济的发展。但是，有时它也慢得可怕。它从不进行大规模生产，行动也不像快速反馈的环境中要求的那样迅速和果断。另外由于周期长，企业在等待一个大型项目的回报过程中，很容易由于市场经济的短期波动和现金流问题而受到重创。

然而，这些公司也许正是我们经济发展所迫切需要的。虽然它们在行业、产品和利润方面不会发展很快，但是它们一旦成功，将会持续很长一段时间。

过程型文化

占据这个风险小、反馈慢的角落的常常是银行、保险公司、金融服务组织、大型政府部门、公共事业机构，以及有着严格规范的行业（如药品公司）。和努力工作/尽情玩乐型文化一样，这里在资金上的风险很低，任何一笔交易都不可能造就一个公司，也不可能使一个公司灭亡。但与努力工作/尽情玩乐型文化不同的是，这里的员工几乎得不到任何反馈，他们写的备忘录和报告递交之后就再没有下文。如果不是因为某种失误而受到责备，他们完全不知道自己的工作成效如何。例如，在一个政府部门中，员工们拼命工作，但只有下面这些时候，他们才能获得自己工作成效的反馈：当立法人员决定取消他们的部门时，或者当他们被指控滥用职权、办事效率低或有受贿行为时。

由于缺乏反馈，员工们不得不将注意力集中在如何从事工作，而不是他们的工作内容上。他们在组织中的一些要素之间建立起人为的联系；他们看重工作中的小事，例如一个电话、一张纸片或部门领导最近发来的一份备忘录。这种文化下的人趋向于形成一种“领会会议精神”的心态。最琐碎的事情也可以成为备忘录的题材。他们会详尽描述每一个事件，为自己的行为作出最好的解释，并以后照此做下去。收到备忘录的人们也不想承认他们错过了一些信息，于是他们会进行回复，通常像前面的备忘录一样详细。所有行动都被记录在案，如果 5 年之后有人提起这些行动，他们就能以此来证明自己没有犯任何错误。

这种文化的核心价值观是技术上的尽善尽美——用科学的方法来解决遇到的风险。换句话说，就是保证过程和细节的绝对正确。丘博保险集团的口号“在保险业中出类拔萃”就是一个很好的例子，普华永道公司的“致力于技术的尽善尽美”也是一个很好的例子。我们可以再次看到，这些价值观尤其适用于过程型文化的经营环境。听起来这些组织都十分官僚，但是，如果银行、保险公司和政府部门总是去迎合每一次潮流，那么老百姓可就有罪受了。试想一下，如果每年的驾驶员考试都有一次重大的变动，或者在所得税方面都会出台一种新规定，那会产生什么样的后果呢？会有人愿意用努力工作/尽情玩乐的精神去不停地核对自己银行账户里的存款吗？

幸存者 / 英雄人物

人们对于缺乏反馈的自然反应就是保护和谨慎。过程型文化中的人们如果不知道他们会在何时以及何地受到打击，就会竭尽全力地在各个方面都做好。但是，这种文化中的谨慎并不是个人的行为，它也反映在最终的产品上。所以，员工如何整洁而全面地完成他们的工作比他们实际上做了什么更重要。如果没有恰当地填写裁员通知书，企业就会停滞不前。如果求职信上有印刷错误，求职者就会被赶出门去。这种文化看重的人是那些努力保护体系的完整性而不是努力保护自己的人。

在这种人为的世界里，真正的幸存者是能够学会适应它的人。他们遵纪守时，注意细节，依靠记忆来求得生存。他们严格按照明文规定的程序从事工作，从不询问这些程序在现实世界中是否有意义。事实上，真实的世界已不复存在。当真实世界发生改变时，大多数成功的官僚主义都难以适应。

由于这种组织常常受到政治风云的重创，因此经历过一两次风暴还能继续生存下去的人就会成为英雄人物。故事的主角是那些保守式的英雄。例如，美国总审计局的一位 12 级职员失去了她的秘书、她的电话、她的办公家具，但依然早上 9 点准时上班报到，并在那里待到下午 5 点（当然，中间会有一个小时的午餐时间）。或者是一位 13 级职员，某个部门领导的助理，得到上级承诺几年后把她升为 15 级职员，但她除了看到自己的上级走马灯似的变换（这些人的共同之处是令人讨厌和缺乏能力）外一无所获。这位助理做了绝大部分的工作，并受到了所有上级的喜爱。过程型文化中到处流传着这类故事。

这些人只有在政治风暴趋于平和时，才能成功地显露出来。但是，这些人缺乏能体现自己与众不同的特殊成功。因此，这意味着对某些员工来说，英雄往往指的是一种职能，而不是指个人。换句话说，是位置造就了英雄。

礼仪与仪式

这里的核心仪式主要是做事的方式和程序，而且对此还会进行大量的讨论。冗长而松散的会议强调的是作决策的方式：谁在资源分配及规划管理这些重大项目中干得最出色？机构重组将如何操作？一个部门是否要并入另一个部门？哪些人的工作会受到威胁？在过程型文化中，机构重组常常成为重要仪式方面的一个重要议题。还有其他一些方面，如为了表彰为公司服务时间最长的员工而进行的退休典礼。

与赌注型文化中的人一样，过程型文化中的人非常注重头衔和规范。这种严格的等级观念与阶层体制有着密切的联系。例如，在一家大型保险公司中，其等级从高中毕业生的“19 级”直到最高级别“49

级”——副总裁级别。

公司的一个管理者这样描述这个体系：

> 17～27 级：收发信函和文件的人，这种工作没完没了，累得筋疲力尽是常事。
>
> 27～38 级：专业和技术助手，他们有大学文凭，主要承担文案工作。
>
> 34～39 级：中层人物，他们是那些部门经理，是压力极大的一群人。
>
> 40～49 级：组织缔造者，他们被认为是最高领导层。可能这些人每周要工作 60 小时。

这个系统是如此庞大，以至于该管理者认为：“人们对提升一个级别的欲望比获得高工资更加强烈。他们认为成功的标志是得到一级晋升。我的确遇到过这样的人，如果升迁的结果是原有级别并未改变，他们会拒绝这种升迁。”

这个体系也是清晰可见、一目了然的。在这样的公司里，你的办公设施就能清楚地显示出你在这个等级森严的组织中所处的位置。17～25 级的人有小型的金属办公桌和一把无扶手的椅子。26～29 级的人拥有同样的办公桌，桌子后面的椅子也一样，但多了一个打字员的空间和一把有扶手的椅子。30～34 级的人拥有的办公桌是那种“运输机”或“平顶屋”式的，因此空间更大。更令人羡慕的是，他们有两把带扶手的靠背椅。34～39 级的人是管理层人员，他们有木质桌子、一张会议桌和一个书架。40～42 级的人是副总裁助理，他们不仅有上述设施，还可以选择一套沙发或者一个圆桌和书柜。43～49 级的人是副总裁，他们在有落地窗的办公室里工作，还可以自行从一本不断更新的装饰产品目录中选择各种家具，以保证他们的沙发和椅子看起来与助手办公室里的明显不同。

这些区别在公司中意义重大。直到董事长在仪式上最后宣布某人获得晋升时，后勤人员才会将与其新身份相适应的办公设备搬进其办公室。正像一位副总裁所说的那样："办公设备既不能早一天到，也不能晚一天到。"

优势与劣势

过程型文化成了当今世界中很多错误的替罪羊。罗纳德·里根总统以"减少政府干预"而闻名于世。但没有谁能说他们真正喜欢的是一个办事效率高的管理者。我们每个人都在抱怨，在这么一个烦琐的社会里，办成一件事有多么困难。

但是，这种文化并不是仅仅为了填满这个二维表格而存在的，它是根据特殊环境而进行的特殊设计，它为高风险的硬汉型文化、快速反馈（有时是欠考虑）的努力工作/尽情玩乐文化提供了完美的补充。过程型文化把秩序带到工作中，这对那些需要预先计划的工作来说十分重要。很多时候，良好的过程型文化确保了这个世界正常运转，使明星、工作者/娱乐者和赌博者正常工作。

不同文化部落的习惯

以上只是对四种文化进行了非常简单的介绍，但我们相信这一定能使大家开始正确认识自己所处的文化，至少能认识到自身所处文化的一些内容。

你处在哪种文化类型中十分重要，这么说有很多原因。它甚至会影响到人们的偏好、风格和习惯，例如如何穿着，居住在何处，工作之余会做些什么等。下面就让我们比较一下四种文化部落的习惯，看看它们之间的差异。

着装

硬汉型文化中的人在任何时候都非常时尚，文化中的明星们常常会花费大量的精力，以使自己看起来与众不同——又不能太过不同。如果别人都有一个古驰（Gucci）的公文包，明星就会拎着一个马克高仕（Mark Cross）的公文箱走进来。不久以后，其他人开始纷纷效仿。于是，上述过程又重新启动。努力工作/尽情玩乐型文化中的人则恰恰相反，他们避免在穿着方面走极端，始终按照美国中产阶级的规范选择自己的衣着——运动夹克、格子呢外套、长袖衬衫，在电脑公司则一律是牛仔裤。赌注型文化和过程型文化中的人们穿着保守，他们力求使服饰与自己的地位相匹配，基层员工看起来就像个基层的人，而高层经理则总是穿着深色的三件套西装。

居所

硬汉型文化中的人生活在任何人类可以居住的地方，他们是那些使城市充满活力的人，因为他们总是决定生活在最新的区域里。他们也同样把许多时间花在寻找一个有特色（但也不能太有特色）的地方建一座度假别墅。努力工作/尽情娱乐型文化中的人会住在公寓式住宅里，并为之深感自豪。他们会在同一个住宅里一住就是 20 年，不过，他们会把娱乐室装修成一个舒适的私人空间。一位在高新技术公司工作的员工从这种公寓式住宅搬到了比较安静地区的漂亮住宅区居住。他的同事听说后都摇着头说："他以后会越来越傲慢，而且不易接近。"在赌注型文化中，住宅与等级是匹配的，这种现象在公司城（company town）中尤其突出，如通用电气公司所在的斯琴奈克塔迪城和杜邦公司所在的威尔明顿城，公司的高层领导常常住在山顶上的高级住宅里。赌博者会住在离城镇相对远一些的郊区，他们喜欢欧式复古的都铎式住宅。过程型文化中的人则住在公寓或四周没有附属设施的简单住宅里，他们大多集中住在靠近城镇的郊区里，因而可以一起搭车或乘公交车上班。

运动

硬汉型文化中的人喜欢一对一的运动（例如网球），他们尤其偏爱壁球，因为这种运动在很大程度上是靠击球手的直觉，能让他们有身临其境之感。努力工作/尽情娱乐型文化中的人则喜欢所有的集体运动（如篮球和足球）。赌注型文化中的人爱好打高尔夫球，因为在一场势均力敌的比赛中，你在打完 18 个洞之前，根本不知道自己的胜负。过程型文化中的人则喜欢慢跑和游泳之类的运动，它们都是过程性的运动。

语言

硬汉型文化中的人喜欢使用别人从未听说过的词汇，他们也使用普通的词语但用来表达不寻常的意思。亚历山大·海格（Alexander Haig）的演讲能让你更好地领会我们所说的意思。努力工作/尽情娱乐型文化中的人总是喜欢用缩略词，他们也使用大量的运动比喻。赌注型文化中的人常常追溯历史，“早在 1937 年……”，并且他们把任何人都称为先生或女士。过程型文化中的人会对任何一个问题都给出详尽的解释，并且乐意回答没人能回答的具体问题。

接待方式

如果接待人员对你毫不在意，而且你不得不至少等上 20 分钟才能见到预约和你见面的人，你就应该知道自己身在硬汉型文化的公司里了。在一个努力工作/尽情玩乐型文化的公司里，预约和你见面的人会在门口迎接你，替你关门，帮你拿着外衣，并递给你一杯已准备好的咖啡。在赌注型文化和过程型文化的公司，你会经历烦琐的签到手续，可能还需要戴上访客标牌。在赌注型文化的公司，你也许以为只会与一个人见面，但实际上你起码与 5 个人会了面。在过程型文化的公司，你和你的约见者彼此之间可能只能通过信函互相联系。

同事礼仪

硬汉型文化中人们各干各的，并相互竞争；努力工作/尽情娱乐型文化中的人常常在一起畅饮；赌注型文化中的人视彼此为良师益友；过程型文化中的人会经常在一块儿讨论备忘录。

任何一家公司都不会完全符合其中任何一种模式，同一组织中的不同部门也可能展现出四种不同的文化。但是，大多数公司都会明确倾向于某一种文化，因为它们必须对市场的需求作出反应。

然而，有些公司同时拥有两种非常强大而且相互冲突的文化。汽车产业就是一个很好的例子，在那里，赌注型文化中又蕴涵着过程型文化的味道。在新型轿车设计方面，是典型的赌注型文化，生产何种车型的决策必须在几年前就作出，这样才能有足够的时间改进制造车间的生产设备以适应新产品的生产需要。它的反馈需要相当长的时间——新车上市之后。而它的后果——我们现在都知道——则可能是灾难性的。

与此相竞争的则是那些统计工程师们的文化。那些从“福特神童”年代走过来的人相信任何事情都是可以量化的。这些人分布在公司各处，试图把保险杠的生产成本降低 50 美分，把挡泥板的生产成本降低 75 美分，这些成本的降低可以使整个公司节省几百万美元。但是，这会与赌注型文化中的人发生冲突，因为他们试图生产最具有特色的豪华汽车。如果公司缺乏强大统一的价值体系以鼓励每个人都为共同的目标而奋斗，则这种竞争很容易转变成企业内部的自相残杀。但是如果公司的关键人物把主要精力放在解决内部矛盾上，而忽略了组织与外部环境的适应性，那么公司很可能就会失去原有的市场。

有些公司中存在相互竞争的文化，另一些公司则会有意将重点转移到不同的文化上，以使它们进入市场。例如，无论从哪方面看，宝洁、百事和布鲁明戴尔百货公司都应该属于努力工作/尽情玩乐型文化，因为它们生产和销售成本低廉的消费品，员工的收入取决于他们的销售业绩。然而，这些公司都有意识地在公司内部培养硬汉型文化以增强公司内部的竞争力。在这种具体的文化环境中，员工们每时每刻都能感觉到他们在进行高风险的决策。

为什么要强调竞争呢？对这些公司来说，其全部奥妙皆在于此：它们希望通过进攻型的市场战略，从生产简单的产品（如软饮料、肥皂或服装等）转向淘金产业。生产一块新型香皂或一套新款西装对它们来说不算什么，因此这些公司有意作出选择以使自己能够从竞争中脱颖而出。对它们来说，成功来自打败自己的竞争对手。所以，为了外部竞争，它们首先要在内部培养竞争力。

虽然大多数公司为了让自己在市场上更具进攻性而转向硬汉型文化，但仍有一些公司转向了努力工作/尽情玩乐型文化。花旗银行就是一个很好的例证。大多数金融机构都是被动的，其作用就是存钱。但是沃尔特·瑞斯顿（Walter Wriston）却希望当时仅处在第三四位的花旗银行成为世界上最大的银行。为了不断做大做强，花旗银行不得不从其他银行手中抢夺市场份额，因此，瑞斯顿创造了一个行动导向的环境，积极的销售和服务成了公司的规范和标准。很快，公司的办公人员都开始按着象征性的门铃说，“把你的钱放在我这里”或“我能给你巨额贷款”。就这样，花旗银行为银行业打造了新的价值观。

正像我们后面将看到的那样，在企业内部对文化进行转变是一项相当困难和艰巨的任务。但是如果处理得当，它会对企业的未来产生巨大影响。

所以，正如我们前面所说，管理者（其实员工也是一样）对自己企业的文化有细致深刻的了解是极其重要的。一旦你确切知道自己在与何种文化打交道，你就能更好地了解如何更有效地工作。下面，我们将讨论文化诊断的具体方法。

第7章

诊断：学会认识文化

文化包括英雄人物、价值信念和文化网络，当然还有其他一些内容。对于CEO、财务分析人员，甚至求职者来说，企业文化是一种只需用零花钱进行的投资。经验只能使你知道有关企业的很有限的信息，而文化则能告诉你更多。人们实际上可以通过对企业里的英雄人物、价值信念等内容的诊断，来预测一个企业的业绩。

即使作为一种很粗略的界定，文化也会始终对企业行为产生有力的影响，并且这种影响是可以预测的。CEO和其他高层经理可以从文化中读到员工偏离企业经营目标的早期预警信号。投资分析师们可以借助企业文化使预测更加精确。甚至对于寻找新工作机会的高层经理来说，也可以通过了解自己个性与企业文化的匹配性而处于更有利的地位。那么，对于企业文化中的新来者而言，他们该从哪里入手来认识文化呢？

尽管肤浅的分析会有肤浅甚至是错误的风险，令人诧异的是，认识企业文化并不需要太长时间，该怎样做呢？可以通过管理顾问常用的技术来做到这一点。该过程由表及里，指向企业中的无意识层面。文化分析专家会像精神分析专家那样，把企业放在他的躺椅上。下面我们就来看看几种基本的分析方法。

研究物理环境

虽然公司在砖瓦水泥（即自己的办公大楼）上的投资与其经营活动本身并无必然联系，但毫无疑问，它讲述了一些有关文化的内容。建造办公大楼的投资毕竟是由高级管理层确定或者至少由他们审核的。虽然大多数高级管理层可能希望避免这种想法，但他们还是会认识到，公司办公大楼的寿命很可能比他们更长。因此，他们试图创造一种环境，向外界展示自己的公司，这样做可能是有意为之，也可能是无心插柳。

对于自己及自己的文化感到自豪的公司会通过环境把这种自豪感反映出来。在世界各地都自豪地矗立着 IBM 公司的大楼，它的清新明亮和现代气息向人们展示了一个自豪的公司。设在康涅狄格州费尔菲尔德市的通用电气公司总部，通过堡垒式的建筑象征其稳固及重要性。花旗银行那闪烁的花旗集团中心向人们表明："我们不但重要而且与众不同"（花旗公司地处曼哈顿，那里的银行并不多）。同样，数字设备公司装修一新的工作场地显示出它既是一个现代化的公司，同时根基还在新英格兰——因此它尊重传统。这些强文化公司都有明显的外在标志，这与那些无明显外在特征的公司形成了鲜明对照。

在不同的地点保持一致性也非常重要。通过比较各个工作场所，你能对一个企业的文化有更细致的了解。今天，各公司的总部普遍看上去漂亮又时尚——因为高层经理都知道如何装饰自己。但各分公司的设计能否与总部保持统一呢？例如，托莱多市的销售办公室是否也在楼上藏着一个仓库？纽约北部地区的工厂是否正面临着倒塌的危险？细心的观察者会把建设时间及其对周围环境的利用等因素也考虑在内。不过，通常这类迹象都是非常明显的。

我们还应该看看公司对待各个层级员工的态度是否具有一致性。无论在哪个部门，硬件环境都会反映出公司对待不同层级员工的态度。例如，当 NCR 公司的约翰·帕特森发现工厂里工作环境恶劣时，便立即把厂房粉刷一新并在周围种上花草树木，努力让员工感到能为 NCR 工作十分自豪。另一个典型的例子是 19 世纪末 20 世纪初建造起来的宝洁公司象牙谷综合大楼，与之形成鲜明对照的是密歇根州迪尔伯恩市福特的红河工厂：这座巨型工业综合楼已在那里矗立了几十年，它在一定程度上给人留下了鲜明记忆，即工人只是生产过程中被使用的、被强制的以及在不需要时可以随时遗弃的工具。

文化是一种人类现象。强文化的公司关心它的所有员工，并尽力确保他们得到合理的对待。当你看到不同层次的员工在硬件环境的安排上存在差异时，就可以肯定这是一种弱势的或支离破碎的文化。

阅读公司对其文化的阐述

公司对自己的陈述，例如，各类年度报告、季度报表、新闻发布会、财务分析专家的评论等，揭示出来的东西比你预想的要多得多。这里的原则似乎是“只要你得到了，就值得夸耀”。强文化公司认识到公司的价值观及其员工的重要性，并不断向外界宣传这种重要性。当维尔贝莱特公司（Wheelaberator-Frye）在提供儿童版年度报告方面遇到困难时，人们看到了一个传统的自由思想堡垒，并且其文化强烈地反映出公司的这种信仰。相反，具有弱企业文化或企业文化凝聚力不强的公司却忙于完成企业的经营目标和业绩，好像它在经营过程中得不到其他人的帮助。当然，面对公司的自我陈述，我们应该仔细检查其前后是否一致。在一段时间里跟踪核查公司的财务报表很容易，通过它可以观察到企业文化的演变过程，这一做法称为内容分析。你只要简单地列出年度报告里出现的特殊短语或价值信念的次数，就可以达到这一目的。令人惊奇的是，如此简单的分析却能清楚地显示出公司自身价值信念的发展趋势。

然而，公开发布的报表只是认识企业文化的线索之一，而且不是一条固定的线索。许多管理者总是说他相信某种价值观，但只要仔细分析其他线索，就会发现这种信念只不过是一句空话而已。

考察公司如何接待陌生人

你与公司打交道的第一个地方是接待区。这里是正式的还是非正式的？这里的气氛是轻松的还是忙碌的？举止是否文雅？无论实际情况如何，你都会认识到它反映了企业文化的价值观。

例如，在新英格兰和中西部地区，接待人员几乎都有其他职责（诸如打字等），而不是单纯地接待来访者。这反映出一种职业伦理观，即工作时间你必须是忙碌的。相反，在纽约更多强调的是接待员的风格。接待员的仪表也很重要，而且他们的态度会告诉你这里的工作是如何开展的。在一个服务意识很强的公司里，会有人替你拿着外衣，并送上一杯咖啡。如果你置身于一个官僚化体制里，也许就不得不忍受一套烦琐的签到手续。如果你来到的是一家硬汉型文化的公司，可能会等好半天也没人理你，它所传递的信息是：“你看起来不像个明星，为什么我要注意你？”

等候的时候，可以观察一下周围发生的一切。是否每个经过走廊的员工或访客都严格遵循规定的程序？IBM 公司的沃森和宝丽来公司的兰德都曾经因为没有佩戴胸牌而被拒绝进入公司大楼，尽管接待人员非常清楚他们是谁。可见，强文化公司十分注重它们的仪式。

在了解企业文化时，我们常常首先与接待人员开始交谈。我们会询问公司的情况以及它是不是一个值得工作的地方。的确，没有人会告诉你他痛恨周围的人。虽然这些都是预先演练过的回答，但是观察他们回答问题的方式很重要。一位接待人员可能会详细告诉你公司里的各种机会，并向你解释为什么她的三个亲戚也在公司工作；另一位接待人员却可能仅仅告诉你，在这里能得到一份稳定的工作，而且公司离家只有 5 分钟的路程。此时，你会得到截然不同的印象。

访谈公司员工

几乎在所有的公司里，即使是仅工作了几个月的员工，也能充分地回答我们提出的问题。我们要找的是那些与公司一致和与公司冲突的正反两方面意见。为了对企业文化作一个粗略诊断，我们会提出以下问题：

● 请谈谈公司的历史。公司初创时的情况是怎样的？人们通常很愿意描述过去。然而，他们提到的事实常常是错的（如果你不怕麻烦去核实）。实际上，人们总是按照自己的理解去传播企业的神话（因为他们并未亲身经历）。

● 公司为什么会成功？哪些因素可以解释它的成功？人们会告诉你他们认为在公司中重要的东西是什么，这可能并不正确，但反映了他们对于企业文化价值观的印象。

● 在这里工作的都是什么样的人？谁一直是领路人？文化从根本上讲是一种人类现象，而人们在描述自己同事方面最有才能。他们不可避免地会描绘企业文化中的英雄人物。

● 工作场所是什么样的？日常工作的情形如何？工作是怎样做的？回答这些问题时，人们常常会描述重要的仪式、会议或公文程序。可以肯定的是，这是一些人们非常看重的内容。如果你得到的回答中有着明显的等级意识——“这个老板值得为其工作”，就可以推断出赌注型成分在这一文化生活中十分重要。

观察人们如何分配自己的时间

人们做事的时候，是按照自己对事情的看重程度作出决定的。因此，衡量文化凝聚力的一个好办法就是，对比人们的言行是否一致。

收集了这些线索和信息之后，就可以利用它们来判断公司发展的方向。例如，如果一种文化只注重内部，换句话说，所有的价值信念、英雄人物、仪式礼仪都与内部事件及政治斗争有关，那么可以预测，这种文化对于外部市场发生的事件的反应会十分迟缓。这些线索能使你更深入地了解公司的发展是真实可靠的还是表面肤浅的，也能帮助你辨别在相关行业中哪些企业能生存下去，哪些不能。了解了企业文化，投资分析家就获得了洞察公司目标的重要能力。例如，一位分析家在研究通用电气一个新设分公司的实力时，知道它的订单被撤销了，公司正在陷入绝境。经验告诉这位分析家，这个分公司应该被关闭。但是，由于对通用电气公司的文化十分了解，他认为这家公司还有希望，因为通用电气公司会遵守它的承诺，努力使这家分公司强大起来。通用电气公司的文化是团结一致和共同发展，就像它从不放弃任何一个顾客那样。

从公司内部诊断文化

公司的内部成员能够对文化作出更深入、更精确的诊断，但是在准确把握自己公司的文化方面，他们还存在一些障碍或缺陷。

其中最重要的一点就是客观性。分析竞争对手的缺陷和实力很容易，但是要理解自己公司的文化，你必须能够做到以下这点：无论你是否相信“X”是进行决策时的正确选择，都要忘记它，而把注意力集中在你和你的同事通常是如何作出决策的。要想成为自己所处文化的有效观察者，就必须避免在哪些事情重要、哪些事情不重要上进行价值判断，你所要做的只是观察事实本身是什么（而不是你认为它应该是什么）。要记住二者之间的差异是很微妙的。

不过在具体工作中，这种区分却可能让我们陷入困境。当我们说某些事情重要时，常常指的是产品、预算以及我们昨天所做的工作。但是关于产品、预算或昨天的日常工作本身，我们又该如何考虑呢？

研究文化是在和人打交道——他们想的是什么，他们的感觉怎么样，他们在自己的时间里做了什么。也许和一个做会计的朋友闲聊 5 分钟对产品决策所产生的影响，要比有关这一主题的 15 分钟的正式会议有用得多。

如果你能把这些告诫牢记在心，那么接下来的工作就是，运用什么方法能使一个内部人员正确且迅速地认识企业文化？

了解员工的职业生涯发展

谁得到了晋升？如果公司里所有重要的岗位都由销售人员占据，那么企业的价值信念就再清楚不过了。

员工怎样做才能得到晋升？企业文化是奖励那些在关键技术领域胜任工作的人，还是只是依据客观标准来评价工作绩效，抑或是根据资历或对公司的忠诚度对员工进行奖励？文化中的价值观主要是由人们对如何做才能得到晋升的理解决定的。如果你得到了奖励或晋升，而且知道是因为你是个优秀的团队成员而不是因为你是个超级明星，那么这就是你要在其他人身上寻找的东西，也是其他人要仿效的东西。约翰·德洛雷安（John DeLorean）在通用汽车公司的发展史上起着至关重要的作用，他曾指出，“提拔那些并非出类拔萃的候选人”是20世纪六七十年代通用汽车公司文化衰退的一个征兆。

人们在同一岗位上能待多久——尤其是在中层管理岗位上

人们在同一岗位上的任职时间是一项十分重要的因素，时间短意味着它能激励人们快速取得成绩（并因此再次得到提升），并尽量回避期限长、回报慢的活动。在这种文化下，关注短期利益将会占据统治地位。

注意讨论和记录的内容

管理者总要花费大量时间阅读和书写备忘录，但备忘录的内容是什么呢？花几周时间在公文筐里，对备忘录中的内容进行简单的归类，你可能会大吃一惊。

同样，每个人都在会议上花费很多时间。你不必记录会议的目的，只需记录实际讨论的情节，即谁在讲话，对谁讲话，每个议题花费的时间有多长。得到的结果同样会令你吃惊（这一点我们敢保证），你会发现文化总是把时间花在它认为最有价值的问题上。

尤其注意在文化网络中传播的趣闻轶事

当人们想和别人分享经验时，他们会以趣闻轶事的形式表达自己的思想。当不同的人都在讲述相同的故事时，显然这些故事代表着某种意义。

问问你自己，这些故事的要点是什么。把这些故事编成目录，看看有多少内容与顾客有关，多少内容与公司里的权力斗争有关，多少内容与发挥、奖励个人积极性或惩罚越轨行为有关。然后，你就能得到毋庸置疑的证据——哪些内容被企业文化看重，这种办法的准确性超过任何一种计量方法。

你应该怎样理解这些发现呢？什么时候这些迹象、故事、会议、环境以及其他东西意味着一种弱文化呢？要想得到答案，我们必须进一步找出其他特征。

文化陷入麻烦的征兆

本书重点阐述的是强文化公司的特征，而没有详细描述它的反面——弱文化公司的特征。其实我们也不可能详尽描述这些内容，因为事实上弱文化公司只是缺乏或完全不具有强文化公司所具备的那些特征。具体而言就是：

- 弱文化公司在如何取得经营成功方面，缺乏明确的价值观和信念。

● 它们有许多价值观和信念，而对哪些最重要却缺乏统一意见。

● 公司的各部门有着截然不同的信念体系。

● 企业文化中的英雄人物具有破坏性或分裂性，并且他们在哪些是重要内容上无法达成一致。

● 日常生活中的仪式要么是无组织的（人们各行其是），要么是相互矛盾的（人们各有各的目的）。

在这种文化不适症中，最值得担心的是什么呢？

只顾自己

当公司不再去关注现实世界正在发生的事，尤其是当人们试图去迎合老板、粉饰自己的业绩或对周围人恶语相向时，公司则不可避免地会遇到麻烦。这种短视行为必然引发对内部预算、财务分析或销售配额等方面的过分强调，而无暇顾及顾客、竞争对手、发展趋势和其他现实世界正发生的问题。如果你发现人们将大量的时间用在了为公司内部的主人服务（例如政治活动、溜须拍马等），那么就要当心！一旦文化只关注自身，这个公司就会在市场上处于危险境地，企业的经营业绩受挫只是时间问题。

注重短期目标

美国的企业巨头之所以庞大，是因为它们历经数十年能够生存下来并依然在蓬勃发展，无论是在经济萧条时期还是在繁荣发展时期。在任何行业，树立高绩效标准对取得成功来说都是十分重要的。但是，如果公司把全部精力和时间都用来实现短期目标，那么长期的经营活动就会丧失基础。所以，了解文化的线索就在于，观察人们把自己的时间用在什么地方。用在短期目标上多少时间才算太多呢？当然，这需要你自己进行判断。

士气问题

如果员工长期感到不快乐，那就表明企业文化陷入了困境。用不了太久，不愉快的员工就会离去。因此，我们应该密切关注的一个指标是公司员工的流动率。员工流动是不可避免的，但如果流动率过高，甚至还有攀升的趋势，则表明公司的文化存在一定的问题。这种情况可能发生在某个部门，也可能发生在整个公司；可能发生在一个职能部门，也可能发生在一个销售部门。最近，我们和一家看起来经营得颇为成功的公司的一名员工进行了交谈，我们问他："你觉得在这里工作怎么样？"他答道："呵，这只是一份工作而已。"由于文化不适症而引发的士气问题最初常常以这种微妙的信号表现出来。如果这种状况持续下去，那么弱文化公司的员工很快便会对组织表现出明显的不满。

发现这个问题的常用方法是，对员工进行保密性调查。如果你能抓住时机去询问员工，他们常常会准确地告诉你文化中存在的问题。

支离破碎/缺乏一致

通常，企业文化内部的这些差异是显而易见的：着装和谈吐的标准不同，物理环境不同，工作习惯与仪式不同。破裂的企业文化存在的问题是，当需要密切配合时，他们无法很好地配合。当来自不同文化的人们聚集在一起时，每个人听到的都是不同的声音。由于他们无法看清需要讨论和解决的问题，因而产生了混乱和挫折感。这种挫败感又反过来对员工的工作动力和工作业绩造成致命的影响。如果一个分公司对总部的工作表示不满，或者把发生在总部的事情当作笑话，这也许就是一个明显的信号，它反映出该企业的各个组成部分并没有凝聚成一个整体。当然，对于集体行动来说，无论怎样总会有不和谐的现象出现，这一点并不令人惊奇。因此，在这种由多方构成的组织中，必定会有不少的精力浪费在误解和挫折上。如果任何事都能顺利完成，那倒真是个奇迹了。

情绪的爆发

陷入困境的企业文化最终的也是最严重的症状就是强烈的情绪表现，其程度超过公司所能容忍的限度。企业文化就像为员工提供的一条安全毛毯，它告诉人们该做些什么，并向他们保证，一旦这样做了，他们不但能被周围人接受，而且会得到相应的奖励。但是，在弱文化中或在企业文化陷入困境时，人们就会感到恐慌。这种恐慌的具体表现是，员工会在工作场所突然闹情绪，诸如在会议上公开指责公司的政策或者表现出强烈的愤怒；此外，还会通过个体生活的崩溃表现出来，例如离婚、酗酒等。如果这些现象在公司里很普遍，那么可以肯定，企业文化中存在亟待解决的大问题。

我们尤其应该关注那种强有力的，有时甚至是破坏性的亚文化的发展。一个 CEO 在理解亚文化时使用的工具与我们这里运用的工具是一样的。其诀窍在于，确定什么情况下公司各部分之间的差异是健康的而不是制造分裂的。

在任何公司中，不同部门的行为都会各不相同，例如，不同的部门会拥有某种程度上并不相同的文化。这是因为部门各自的经营业务不同，因而对成功的基本要求也不同。另外，不同的部门也有各自的亚文化，你不可能让财务人员成为你在市场上需要的那种敢冒风险的硬汉型人物。再者，公司内不同的年龄群体行为也会不同，因为在成长过程中影响他们的社会环境和其他环境并不相同。老员工对世界的看法与年轻人不同。同样，老企业的经营标准与新建分公司所订立的标准也不一样。

那么，什么时候这些亚文化之间的自然差异会成为整个企业文化必须注意的问题呢？值得注意的有这样几个迹象。

当亚文化开始内向发展

如果各亚文化之间缺乏经常的正式或非正式的交流，那么亚文化就会向内发展并开始破坏整个公司。要注意在不同亚文化之间建立沟通的桥梁以及开放的渠道。

当亚文化之间的冲突外显化

亚文化变得过强的一个明显标志是，它们开始公开削弱彼此的势力。例如在会议上，财务部门试图战胜市场部门，一群年轻的土耳其工程师试图发起一场运动来破坏年长上级的权威。在亚文化之间存在一种健康的压力是有益的，但如果这种压力变得公开并具有破坏性，就预示着出问题了。

当亚文化具有排他性

当亚文化想要建立排他性的俱乐部时，就意味着问题出现了。排他性俱乐部对会员入会有严格的限制，可以任意开除成员，仪式仅仅针对内部成员。只有所有员工齐心协力、同心同德，公司才会做得最好。如果将小团体的利益凌驾于他人之上，公司是不可能有最佳表现的。

当亚文化价值观凌驾于公司价值观之上

在任何强文化公司里，每一个员工在任何时候都能告诉你公司支持什么或者其信念是什么。如果亚文化试图宣扬自己的信念高于公司的整体信念，则亚文化和企业文化的关系就本末倒置了。

平衡亚文化与企业整体文化之间的合理差异，是在诊断和管理企业文化方面最具技巧性的一部分内容。管理者至少应该清楚了解现有亚文化中正在发生的事情，并留心可能会出现的新亚文化群体。

不管企业文化是强还是弱，是完整还是破裂，文化诊断都能使管理者对文化现状有一个定位。有了这个定位，管理者才能知道他应该把精力用在何处。管理文化与制定政策、讨论价格等其他经营管理活动不同，为弄懂这些不同之处，接下来让我们看看象征性的管理者的角色。

第8章

象征性的管理者：管理文化

在强文化公司中，管理者带头支持和塑造文化。我们称这些管理者为“象征性的管理者”，因为他们不仅用大量的时间来思考有关文化的价值观、英雄人物和礼仪仪式，而且认为自己的主要工作就是管理日常工作中时常发生的价值观冲突。

象征性的管理者与那些忽视文化重要性的管理者之间存在显著差异，主要表现在以下几点。

象征性的管理者对文化及其对长期成功的重要性十分敏感。象征性的管理者经常谈及自己公司的文化。他们常常在年度报告中写到企业文化，为了能够在市场上取得成功，他们会强调文化的重要作用。他们毫不犹豫也毫不避讳这样做，而传统的管理者则耻于去做这些组织生活中的“软件”工作。

象征性的管理者高度信任自己的员工，并依靠这些文化伙伴来确保公司的成功。强文化公司的经营理念是：“我们之所以成功，是因为我们非常独特。”象征性的管理者能够认识到“我们对抗世界”的力量，并且通过鼓励周围人加倍努力和培养他们的创造精神来引导他们。因此，在维护文化方面他们具有高度的个人自觉性和责任感（他们强化价值信念，决定谁属于、谁不属于该文化），他们还倾向于把一些被认为比较重要的事情（甚至主要的战略决策）授权给身边的员工去完成。他们在充分授权的基础上给予员工高度的信任，员工也会作出相应的回应——他们不但愿意承担责任，而且会在工作中体现出这种责任感。相反，现代理性管理观念强调，管理者应该站在公司战略制高点上作出重大决策。对一个象征性的管理者来说，他们正是这样做的。

象征性的管理者把自己视为公司日常戏剧中的参与者（编剧、导演和演员）。确实，我们之所以称他们为象征性的管理者，是因为他们认识到象征性的影响对于自己身边发生的文化事件十分重要。每天都是一个新的舞台布景，每个会议都是一出戏剧的新场景。对于一个出色的演员来说，当他大步走上舞台时，没有任何事件是无足轻重的。在这场象征性的戏剧中，没有任何一个小角色会因为太不起眼而被忽视。亨利·明茨伯格（Henry Mintzberg）在其代表作《管理工作的本质》（*The Nature of Managerial Work*）一书中指出，一般的高级经理处理日常工作事件时，在每个事件上的平均用时是 9 分钟。试想一下，9 分钟，我们在 9 分钟里能干什么？但对象征性的管理者来说，这个日常工作中的时间片段就像一个金矿——管理者正是利用各种各样的事件来影响自己周围的文化的。

象征性的管理者与理性管理者

作为管理者，每天都要面对各种事件，有些是无关紧要的，有些是值得关注的，还有一些是至关重要的。我们称第一类为琐事，第二类为事件，第三类为戏剧。象征性的管理者应该具备的一个首要技能就是能区分出这三类事。文化有助于完成这项工作，因为它在很大程度上界定了哪些内容重要，哪些内容不重要。不过，象征性的管理者的直觉和判断有助于他们选择恰当的时机来处理意义重大的事件。管理者如果把琐事当成戏剧来处理，会被当成傻瓜；忽视了戏剧，则可能会成为受害者或者反面人物；在重大情况下错过了某个事件或某个角色，则会被人们认为反应迟钝甚至愚蠢。象征性的管理者善于把企业生活中的大量事件分类，他们会成为表演艺术家（即声誉很高的演员和导演），绝不放过任何能够强化、夸大或渗透文化核心价值观与信念的机会。

总之，他们的管理方法与今天充斥在众多公司里的聪明而理性的管理者的不同，有时二者之间的差异是相当明显的，让我们来看以下几个方面。

管理人员

现代管理实践使我们相信，有效的管理的关键在于开发和运用人力资源系统。换句话说，就是科学地管理人。例如，正式的职业生涯规划，在实际中运用全面系统的绩效评估系统，为关键岗位制定连续性的具体管理计划等。今天，所有管理者（不管他是“现代的”管理者还是象征性的管理者）都会运用这些系统和程序来管理一个企业。不过，象征性的管理者走得更远，他们更可能打破人力资源管理中的正式体制，做一些从文化角度来看是正确的事，而不在意那些正式体制是怎么要求的。并且，在人员管理这一问题上，与理性的同行相比，他们会花更多的时间进行思考。

例如，考伯斯公司（Koppers Corporation）的 CEO 弗莱彻·拜伦

(Fletcher Byrom) 重组了公司，把它发展成 12 个利润中心。虽然企业性质本身并不能确保这次结构重组能够成功，但这样做可以为 12 个有进取心的管理者创造 12 个工作机会。通用电气公司长期以来一直实行导师制，即高级经理对低级管理者的职业生涯进行指导，其中还包括一些如何打破正式体制的具体忠告。3M 公司也有这样一个正式项目，它允许初级员工——如果他觉得在自己的部门受到忽视——把自己的建议甚至是自己推荐给其他部门。所有这些案例都表明，这些公司十分看重人本身，而且它们建立了一些程序以便在文化允许的时候打破人为的规则。

聘用或解雇员工

招募新员工，特别是低级别的新员工时，传统的做法是让人事部门来做。但通用电气公司的杰克·韦尔奇却不这么认为。他会亲自去哈佛商学院，与那里的学生交流通用电气公司的价值观和他自己的管理理念。据我们所知，其他的象征性的管理者也会参与新员工的面试和选拔工作。同样，象征性的管理者还参与人员解雇的工作。传统的做法是建立客观明确的绩效标准以及系统的绩效评估体系，员工如果达不到这个标准就会被解雇。但对象征性的管理者来说，人员解雇是一起重大事故。首先，这种事应该永远都不发生。如果员工与文化十分匹配，就应保证对其终身雇佣。其次，即使解雇在所难免，也不应该因为工作绩效不好，而应该是因为员工的行为违背了文化规范。最后，每当这类事件发生时，象征性的管理者都十分注意确保大家能正确理解解雇所传递的文化信息。例如，一个强文化公司中的某个高级财务经理被解雇，是因为象征性的管理者（CEO）认为他试图建立的体制会使公司走向官僚化。同样是这家公司，制造工厂的领导被解雇，是因为他试图掩盖一个发生在其管辖区域内的工厂的问题（注意，其原因不是发生的问题本身，而是他试图掩盖这一问题）。在每个案例中，CEO 都会做好充分准备，并主动向提出质疑的每个人解释解雇决策的理论依据。

制定战略决策

理性管理的科学思想认为，高级管理者的关键责任是作出影响企业的主要战略决策。因此，高级管理者经常从公司外部聘请管理顾问进行全面的分析，以使他们作出的决策符合某种主流理论。在过去 10 年里，管理咨询业的蓬勃发展悄然证明了这项业务活动的天地十分广阔。

然而，象征性的管理者并不这样做，他们更多地将这些决策权下放给同一文化下的人，这种管理者真正关心的是决策实现的过程。例如，在一家大型跨国公司中，一位杰出的象征性的管理者正在犹豫是否要退出某项经营业务，这项业务曾经是公司早期发展时赖以生存的核心业务。由于全球范围内对该产品需求量的下降，这项业务现在正处于十分艰难的境地，而且在该象征性的管理者任此职位之前，这项经营业务已经连续 10 年只能勉强维持盈亏平衡，或者是略有亏损。为了作出这个决策，管理者组织了一个 5 个人的工作指导委员会，他们都是公司中颇有威望、目前已经退休的高级经理（其中一个人曾经处理过一项相似的经营业务）。让他们运用所有可以运用的资源商量出对该问题的处理办法。

毋庸置疑，委员会最终告诉他应该退出这项业务，这是个很明显的决策。象征性的管理者的真正用意在于表达其文化的含义：退出一个核心业务的决策，不是由他自己擅自作出的，而是征求了文化中“长老们”的意见。他不是在回避决策，而是充分抓住了这个事件的文化意义。

控制成本

众所周知，成本控制对任何企业都很重要。传统的办法是通过系统的财务分析、完善的成本核算和严格的预算程序来实现。其实，这不过是高级经理和他的那些死板的助手聚在象牙塔里拟定出来的降低成本措施罢了。

象征性的管理者会采用不同的方法来处理这个问题。他会专门花时间亲自了解成本不断提高的原因。例如，我们认识的一位来自精密仪器制造企业的象征性的管理者每天会花两个小时待在工厂里。每当看到成本控制的不良现象（例如一辆铲车停在那里而没有使用）时，他就会回到自己的办公室，给分管生产的副经理写一张纸条：“为什么 27 号铲车闲在那里没有被使用?”显然，他并不太在乎纸条上提到的具体内容，他的所作所为只是为了说明：他是一个始终站在那里的提醒者，提醒你重视成本的控制。

象征性的管理者把削减成本和制定目标等具体任务授权给那些在文化中从事实际工作的人，也就是说，那些真正在现场工作的人。用瑞尼·麦克菲森（Rene McPherson）（他曾任丹纳公司 CEO）的话说：“我们如果不相信专家就是那些实际从事这项工作的人，就会永远限制这个人潜力的发挥。想一想，在那个 25 平方英尺的区域里，没有人比这个工作人员更了解如何对仪器进行操作，对质量进行改进，对材料进行优化，以及如何改进工艺流程以保证一切操作正常。绝对没有第二个人!”

象征性的管理者为什么能如此精通文化管理呢？他们对文化以及他们在文化中的角色有着出色而详尽的理解。他们知道什么时候置身于文化当中至关重要，他们也同样知道什么时候应该置身于文化之外。他们知道怎样与群体（非正式小团体或亚文化）共同工作，以使整个文化更强大。此外，他们有勇气坚持自己的信仰——这种勇气引导他们直接参与对文化的塑造和巩固。下面我们来逐一分析象征性管理的各个方面。

生活在文化之中

一个问题出现了，这是一个很普通的经营问题，是一个管理者每天都要处理的问题。比如，一个重要的新产品的销售量没有达到预期水平，象征性的管理者会如何处理这个问题呢？

既然这是一个很普通的问题，就应该不会超出公司的规定。象征性的管理者应该采取的关键行动是，使自己的反应与其文化规范相适应。换句话说，为了处理一个常规问题，象征性的管理者必须有意识地反复强调这种信息：我们的文化是优秀的，处理这类问题简直就是小菜一碟。

这听起来相当简单，但对一个象征性的管理者来说，其中的技巧在于他能充分了解自己的文化，这样才能调整问题的处理过程，以使其适应文化的主流形态。

为了说明这一点，让我们花一点时间回过头来看看四大类企业文化。在每一种文化下，象征性的管理者应该采取哪些与文化相适应的措施呢？

硬汉型文化管理者支持明星

在硬汉型文化中，这个销售问题会在会议上以完全不同的话题出现。一些与这个产品或市场无关的人会说："如果没有那个破产品，我们公司会相当成功。"他的意思是：有人正在把事情搞得乱七八糟，看我怎样漂亮地收拾它。

会场会立即像炸了锅一样，五六个人会跳起来并当场提出解决方案："很显然，我们应该做的是……"于是，会议不欢而散，这些明星们开始回去思考如何处理这个问题，而象征性的管理者只是听之任之，让他们去用自己的方式寻找问题的解决之道。

如果处理得当，分别让5个人通过竞争去解决问题，效果会非常不错。管理者首先要敢于使用敢冒风险的人，然后通过鼓励他们的冒险来巩固这种文化。在这一活动中，很可能会产生5个合理而优秀的解决方案，而管理者的工作则是在小组内部加强一致性。当各参与者相互争论自己的方案时，会产生效果极佳的紧张氛围，从中又会产生最佳方案。

在这种文化下，象征性的管理者经常会故意组建几个相互竞争的工作团队来解决问题。一旦人们理解或接受了这类文化的价值观，也就很容易接受自己在某个问题上的失败，因为他们知道自己下次还有机会获胜。如果竞争过于白热化，那么管理者的任务则是亲自挑选一个解决方案。在这种情况下，最好的方法是坚定地支持小组中的明星人物或者具有明星潜质的人，这样做清晰而响亮地传递了文化信息：我们支持胜利者，因为他曾帮助我们渡过难关。在我们的文化中，正是明星促成了我们的不断发展。

努力工作/尽情玩乐型文化管理者充分利用疯狂的节奏

在努力工作/尽情玩乐型文化中，暂时没有人会注意到这个问题的存在，虽然销售经理每天都浏览报表，但他并不会发现问题。问题第一次被摆在桌面上进行讨论，可能是因为某个资深销售人员希望提醒大家，他负责的区域内这个产品的销售额似乎正在下滑。经过快速核查，证实了这一问题在全国范围内都普遍存在。随后，公司会召开会议以寻求迅速解决问题的办法。销售经理说："我们必须摆脱困境，并赢回那些销售额。"与硬汉型文化不同，努力工作/尽情玩乐型文化把会议或其他形式的组织活动（如特别行动小组）作为处理问题的主要机制。当然，最后期限常常是相当紧迫的，因为工作精力是这种文化的动力源泉。

在这种文化下，优秀的象征性的管理者应该是解决问题小组中一个坚定而积极的领路人，他会提出许多盘根究底的问题以核实数据资料的准确性，他强调要考虑问题的多种解决方案（要确保想尽了一切办法）。一旦确定了问题的解决方案，优秀的象征性的管理者就会全心全意地支持它，他会亲自举行庄严的仪式并宣布新的战役开始。同样，这里的文化信息也是十分明显的：正是我们的工作热情和团结一致，才使得整个经营机制正常运行。

赌注型文化管理者确保摸清所有的基本情况

赌注型文化至今已经对该问题跟踪了 6 个月。在每一次例会上，都会有人汇报销售下滑情况的最新进展。如今，高层管理者感到这一问题已经十分严重，有充分的理由来采取行动了。他组建了一个特别行动小组，小组成员来自公司的各个部门，甚至包括已经退休的员工。这个小组要在今后的几个月里定期碰头，详细分析这一问题，并要首先做一个“问题是什么”的中期报告。接下来的一份报告应该提供一个解决问题的详细方案，并说明具体的步骤。

在这种文化下，优秀的象征性管理者会认真组建一个特别行动小组，以强化决策过程中要深思熟虑的观念。首先，管理者要确保行动小组的人选都是合适的，为此他甚至会设计一种非正式的民意测验体系，以选拔行动小组的合适人员。这样做的目的是尽可能多地利用各种专业知识来解决问题。合适人选确定之后，管理者还要确保每个问题都考虑到各种可能性，从而尽可能地保证找到最佳的解决办法。为了做到这一点，管理者必须花很多时间参加特别行动小组的讨论会。另外，他还要保证行动小组有足够时间进行工作，而不像硬汉型文化中那样最后期限十分紧迫。这种文化强化的信息也十分清晰：我们一定要做得正确，因为我们承担不起犯错误的风险。

过程型文化管理者利用过程进行管理

在过程型文化中，人们很可能根本就没有注意到这个问题。例如在银行，只要把所有内容记录下来就算是一项工作成就。对于银行来说，很难看到它是否正在亏损或者失去市场占有率，因此，只有在发生重大事件时，员工才会注意到这个问题。为了扭转这种不良倾向，在过程型文化中，优秀的管理者致力于与外界保持大量的接触，以保证他能及时发现问题，并为解决问题留下充分的时间。

一旦这个问题被发现，这种文化下的大多数象征性的管理者会通过过程本身进行管理，以便解决问题。通常该文化中的解决方案是设计一种新过程，例如一个新的规划办法或会计管理系统。此时，来自该文化的合适人选会在一个结构化的环境中聚在一起仔细斟酌这个问题。当然，在新的工作流程正式出台之前，管理者要表现出极大的耐心。这里的文化信息是：正确的流程能够解决各种问题。

当然，以上这些简单的描述难免有些夸张，因为它把企业文化划分成彼此界限清楚的四种类型，这一点并不符合实际情况。不过，我们还是希望这种划分多多少少是有用的。一个想要巩固文化的象征性的管理者会在不同文化下采用不同的解决问题的方法。当我们为客户进行咨询并和他们一起致力于解决问题时，通常注意他们解决问题的过程，可以更快地知道该公司的文化属于哪种类型。

一个更有趣的问题是：象征性的管理者什么时候应该置身于文化之外？

引起文化的注意

当一个优秀的象征性的管理者认识到企业文化的某个弱点会导致严重后果时，他会在深思熟虑后作出置身于文化之外的决定。什么时候这种行为是比较合适的呢？另外，各种文化在什么时候可能出现麻烦呢？让我们分别来看看这四种文化类型。

- 硬汉型文化在整顿员工队伍上会遇到一些困难。如果出现某种全公司范围的危机，如产业经济结构的根本性变化，这种文化下的管理者应给予充分注意。

● 努力工作/尽情玩乐型文化的最大弱点是其有可能只注重表面问题。当面对一个问题很难找到迅速解决的办法时，管理者应该对此更加关注。

● 赌注型文化难以进行快速的活动和变化。如果外部环境发生变化而且需要迅速作出回应（例如市场上出现了一个新的重要竞争对手），那么敏锐的管理者应该一直关注这个问题，直至找到恰当的应对办法。

● 外部环境中任何一项重大变化都会影响到过程型文化。（如果你仔细观察银行业如何对行业内的非惯例事件作出反应，就会发现其中的有趣现象。）当这些重大事件发生时，该文化下的管理者必须有所行动。

面对这些威胁文化的事件，优秀的象征性的管理者应该制定目标明确的计划，使文化的焦点集中在这些事件上。因此，他应该有意地提到这个问题，使该文化中的人们对此予以关注，他会问道："这里到底发生了什么事?"换句话说，管理者要宣布正式文化范式中要有一些令人诧异的变化。在赌注型文化中，这可能是制定紧迫得令人窒息的最后期限，以及建立一支强有力的工作团队来解决问题；在努力工作/尽情玩乐型文化中，这可能是减缓正常的工作节奏（例如，聘请管理顾问仔细评估问题所在）；在硬汉型文化中，这可能是强调通力合作的重要性，并通过建立一支特别工作组、要求该小组提出一致的建议来实现这一目标；在过程型文化中，这可能是把关键人物从正常的工作流程中抽调出来，并让他们把全部时间放在解决这类问题上。

这些措施十分简单，也十分微妙：理性的管理者在任何情况下都会去解决问题，但是，象征性的管理者则关注问题得以解决的过程，并把这些信息输入文化当中。

与群体共同工作：亚文化和非正式小团体

的确，上述内容只是粗线条的描述，但我们依然希望它们能给管理者提供一些想法，使他们在每种文化下都能针对问题作出相应的反应。只要组织成员拥有共同的价值观，每种文化下就都能针对问题找到温和而有效的解决方案。不过，企业生活当然不会如此简单和凑巧，让我们来看看另一个会议的情况。

还是那个我们熟悉的问题：销售额下降了，需要重新夺回市场占有率。乔来自销售部门，玛丽代表的是研发部门，山姆和乔治是生产部门的管理者。另外，公司的 CEO 也出席了会议——这个信号表明该会议十分重要。

该公司是典型的努力工作/尽情玩乐型文化：反馈迅速而风险不大。但在会议期间，各个管理者表现出了不同的价值观和兴趣点。CEO 想要提高销售额，这与销售经理的意见一致，他强烈要求用新产品去占领市场。研发部门已经为新产品的初步成形工作了好几个月，但还没有进入正式投产的阶段。生产部门则在考虑，如果生产新产品，将不得不改进整个部门的生产设备，他们和研发部门的人一起反复提醒大家要考虑这个问题。

这些群体的想法并不一致。为了支持自己的观点，某个群体举出了一些事例和故事，提醒人们注意一些英雄人物和价值观的作用，而其他部门并不完全认同。甚至会议进行的步调和节奏也不相同，不同的代表各有各的问题解决方法。此时，公司陷入了亚文化冲突的困境之中。

不论是销售、研发还是生产部门，都代表着企业的不同方面。由于它们在职能上存在差异，因此，所有公司都存在亚文化。研发部门更可能具有赌注型文化的特点（高风险、慢反馈）；销售部门则体现了努力工作/尽情玩乐型文化（低风险、快反馈）；会计部门是过程型文化的代表（低风险、无反馈）；高层集团的管理人员则像硬汉型文化（高风险、快反馈）中的那些耀眼的明星。

亚文化的存在还不仅仅因为在职能上存在差异，性别差异也是一个主要因素。男性文化的观点与女性的不同。社会经济背景和教育背景的差异也是亚文化存在的基础。每种亚文化都有各自相应的环境和世界观，以及自己独特的英雄人物、礼仪仪式、语言和象征，并通过它们来传播特殊的价值观。与企业文化一样，亚文化也能塑造人们的信念，决定人们的行为。

在任何公司中，亚文化都很容易相互碰撞。如果公司的企业文化很强，这些冲突就会形成一种有益的紧张状态。但如果企业文化很弱，那么这些亚文化之间的冲突实际上就可能导致生产停顿。我们来看一个大型商业银行的例子，其中业务部门（过程型文化）使银行正常运行，而市场部门（硬汉型文化）使银行获利。

电脑新技术的引进加剧了该银行中这两个群体之间的冲突。由于银行操作程序实现了自动化，顾客（以及银行的经济利益）要求设在当地分行的终端能够缓解信息流的压力，并为商业顾客加快交易速度。因为这样能使银行的销售工作更有优势，所以市场部的人员渴望尽快安装并使用这些终端。但是，安装工作却属于业务部门的职责范围。

一位资深的市场专员把这次冲突描述为“对牛弹琴”。在沟通方面进行的努力带来的却是挫折和敌意。业务部门说：“我们得投入大量时间，我们的工作已经相当辛苦了，我们中的一些人要整天坐在那些屏幕前！我们对于市场部立马就要的任何差事都非常厌烦。”

市场部门则回答：“我们与他们的每次碰面都是相互质问，而不是共同商量。他们总是问：‘你为什么需要那种机器？’但他们从来也不想真正了解这一点。我们不得不承受来自顾客方面的难以置信的压力。顾客们需要这个，需要那个。我总不能这样回绝他们：‘你们得不到那个东西，因为业务部门不愿那样做。’”

在强文化公司里，各个部门（例如业务部门和市场部门）之间不会产生问题，因为企业文化的价值观和信念都相当强。当然在完成具体工作时，存在差异是不可避免的。

然而在弱文化环境中，亚文化则具有很大的破坏性。当企业的价值观不被人们理解时，亚文化就可能会支配行为，最终在企业里产生文化的偏移。有时它可能会带来不错的结果，例如大型公司中一个较强的研发部门可能与整个公司努力工作/尽情玩乐的思想相冲突，不过这种冲突最终可能会导致创新的出现，使企业在当前并不擅长的领域内获得成功。然而另一方面，一个强势的销售部门也可能使整体的赌注型文化偏离成为追求短期效益的文化，从而导致大量劣质产品的出现。如何平衡亚文化与整体企业文化之间的合理差异，是象征性的管理者最棘手的工作之一，但又是他们最重要的工作之一。

象征性的管理者面临的一项主要工作是，解决（事实上是调和）某一文化下各种亚文化的差异。一位理性的管理者可能会想方设法地把两个群体合二为一，让他们“齐心协力”。但一位优秀的象征性管理者却会采用一种更迂回的方式，具体而言，他会这样做：

鼓励每个亚文化群体丰富自己的文化生活

象征性的管理者并不担心亚文化会导致整体分裂，他会加强每一个亚文化，使其成为整体文化中一个有效的小集团。因此，他会经常参加庆贺某一亚文化的活动，参加授予亚文化中的英雄人物特殊荣誉的颁奖仪式，并且通常会认可亚文化的存在及其在更大的文化范围中的意义。

尝试着让这些亚文化和小集团互相理解

对于可能会出现的文化冲突，象征性的管理者的典型做法是组建工作团队，存在冲突的群体各出一人作为团队成员，共同研究问题，提出系统性的建议。通过给每个群体设定任务，促使他们懂得如何解决与其他群体之间的矛盾。象征性的管理者会从以下两个方面受益：一是教育每个团队成员如何处理与其他群体的关系；二是每个群体会把基于自身经验产生的新观点带到实践中，解决与其他群体之间的问题。

指出亚文化的力量会使企业整体文化更加丰富

一旦完成了互相学习和经验分享，象征性的管理者就会打破他的原有方式，他会指出每种亚文化都可以给整体文化带来独特的力量和价值，而且这些亚文化本身也会提升自身的价值。这样，亚文化的冲突也就成为一种丰富整体文化和团结各个群体的专题交流研讨会。

强文化公司之所以强大，是因为它们能够包容差异。正是认识到了这一点，象征性的管理者才会热衷于在相互尊重的真正联姻中捕捉这些差异。在这个过程中，每个人都会觉得自己在文化中的作用更大，以及作为团体的一分子更加有力。

象征性的管理者的勇气

我们希望借此进一步说明我们观察到的一些现象：优秀的象征性的管理者颇有勇气。他们有勇气坚持自己的信念，他们有勇气信任周围的人。

对大多数人来说，首先想到的都是自己动手去解决问题。特别是那些一步一步升上来的资深管理者，他们有足够的经验，对他们来说几乎没有什么问题是从未见过的。他们面对的诱惑就是，卷起袖子立即亲自上阵。

象征性的管理者则抵制住了这种诱惑。他们认识到，长久之计还是依靠文化的指引自行找到问题的解决之道。他们认识到，这意味着他们必须等待别人采取行动；他们也认识到，他们必须相信别人会采取行动。他们之所以这样做是因为有一个长远的设想：他们建立的组织必须经受时间的考验。所以，他们满足于自己在公司的日常文化戏剧中，在众多演员中只扮演其中一个角色。

回忆一下我们前面曾经提到的杰克·韦尔奇的例子，以及他为采购人员特别设置的电话专线。韦尔奇可以通过很多途径来解决成本过高的问题。例如，他可以组建一个特别工作小组去研究问题并找到解决办法；他可以聘请咨询顾问来做同样的事；或者，他可以任命一个最优秀的管理者去负责采购业务。

然而，他的选择是在自己的办公室里安装一部电话。试想，如果没人打来电话，该怎么办？或者，即使有人打来电话，但对采购成本的影响却微不足道，那又该怎么办？采取这种不同寻常的、强调文化的问题解决之道需要一定的勇气——相信文化中的其他人会做出正确事情的勇气。

这需要耐心，也需要勇气。但这样做的人得到的长期回报也十分可观。

成为一个有效的文化管理者——象征性的管理者——是困难的，他需要有勇气，以及对企业文化价值观的坚定信念。然而，与我们下面要谈到的变革文化相比，管理文化所遇到的困难真算是小菜一碟了。

第9章

变革：重塑文化

变革已经成了企业界进行快速修复的一种假象。如果销售量下降，就改组市场部门；如果经营费用太高，就换用一种新的预算程序；如果市场占有率下滑，就聘请最受欢迎的顾问、引入当前最流行的战略规划程序；如果纽约总部的办公场所租金上涨，就将整个公司搬到南方的阳光地带。在企业界，变革已成为一项如此常规的活动，以至于公司如果停在原地维持不变，会立即成为被怀疑的对象。

今天局外人不仅会从公司的产品和经营业绩方面评价公司，还经常会从它们的外部表现方面评价公司。企业的声誉、发展的前景、准确的市场定位、不断更新（或变革）以及适应环境的外在表现等都可以用来维持公司现代和具有活力的形象。例如，当组织形象开始下滑时，公司会重新任命一名CEO或在更大的范围内进行重组，从而显示出全新的创造性和旺盛的精力。如果对财务系统的责任心和信誉产生怀疑，公司会引入电算化会计程序。在今天，公司进行变革不仅是为了跟上技术环境或经营环境变化的步伐，还因为公司被期望这样做。

在所有这些活动中，有多少是真正意义上的变革呢？并且由于文化对变革的障碍，又有多少变革是应该发生的呢？变革总是威胁到文化。人们对英雄人物、传说故事、日常生活的仪式、奢华的狂欢和庆典活动，即所有工作场所的象征和布置，都产生了强烈的依赖感。而变革却要让人们摆脱这种依赖，因而让员工困惑、感到不安全，常常还会愤怒。例如，电脑程序化的存货系统会大幅改变日常工作的方式，并引起人们很大的担忧。由于存在抵制这些变革的文化障碍，具有真正影响而且时间持久的变革是极其耗时、代价巨大、困难重重，并且相当冒险的。简而言之，变革并不总是个好生意。

很多时候人们忽视了这些隐藏着的文化障碍。新的 CEO 可能会重新安排自己的组织结构。但在这一过程中，他可能会在不知情的情况下推倒了自从企业创立之初就被人们敬重的英雄人物。一次战略沟通会引出一种新的企业战略或者促使企业进行一次新的并购，但它同时可能忽略的事实是，这些开创性的活动也会伤害到一直指导公司发展的重要价值观。除非采取了一定措施以减少这样的威胁，并在旧文化向新文化转化的过程中提供支持，否则，旧文化的力量会使管理者提出的变革方案毫无效力或效力大减。

许多管理者都对在组织中实现真正而持久的变革所需要的时间过于乐观。高级管理者通常会“机构重组”（即在组织中把大块的结构移来移去）。普通管理者通常会从外部招聘新员工，或把员工从一个部门调到另一个部门。这些活动本身都是不容置疑的变革，但它们并不是我们所说的那种包含全方位行为和文化的长期变革。

我们谈到的组织变革或文化变革指的是那种整个组织内部人们行为

的真正变化。从技术层面上说，我们指的是组织中的人们以新的英雄作为榜样，指的是人们向别人讲述不同的故事以解释他们周围发生的变化，指的是人们在日常工作的各项任务上花费的时间会有所不同（例如需要不同的理由，提出不同的问题，采纳不同的工作仪式），指的是这种行为是普遍存在的——组织中的所有人员都会参与进来。这种深层次的文化变革才是我们所说的要花很长时间才能实现的变革。大多数有意义的变革，例如开发“市场导向”或“在成本方面更有效率”，都包含这种文化变革。

今天，在这个与我们周围的世界运转得同样快速的企业界中，变革将继续成为工作生活的一部分。但我们最好给这个部分加一个注解：对文化进行变革是变革中最困难的一部分内容。当管理者开始认真考虑变革时，应该认识到，为了实现变革，他们将不得不与自己公司的企业文化进行较量。

何时变革是必要的

我们自己最初之所以会对文化这个主题产生兴趣，是因为我们发现，当我们向客户提出应该如何进行变革的建议时，他们常常并不那么欣喜若狂、兴奋难耐。事实上，很多时候，他们似乎全心全意地接受了我们的建议，但其后却什么也没发生。久而久之，我们逐渐认识到阻碍变革的是文化。文化越强，变革也就越困难。文化导致组织产生惰性，它之所以成为阻碍变革的因素，恰恰是因为这是文化起了应该起到的作用——保护组织不盲目追逐潮流和不受短期波动的影响。了解了这一现象后，我们认为，不少时候变革并不像公司形象要求的那样是必需的。

然而，不断变化的环境有时会让一种强文化也开始陷入与环境不匹配的窘境中。为了生存，企业必须进行变革。那么，一个负责任的管理者什么时候应该迎接挑战，什么时候应该按兵不动呢？根据我们的经验，至少在以下五种情况下，高级管理层应考虑把重塑企业文化作为他的重要使命。

当环境发生根本性变化，并且公司一直以来都是受价值观驱动时

我们在第2章中讨论的AT&T公司就属于此种情况。如果公司不放弃传统的价值观，那么其结局即使不是灾难，至少也是严重受挫，这一点明确无疑。这种情况下，价值观必须改变。泛美航空公司（Pan American Airlines）以及整个美国汽车产业也面临着同样的情形。当面对来自邻居和日本的越来越大的竞争压力时，美国的电脑行业也应该好好地反思一下自己。

当处于竞争激烈的产业，并且经营环境瞬息万变时

为什么数字设备公司、英特尔公司或者惠普公司会成为如此成功的公司？其中一个原因是，它们为一个成长快速而且获利丰厚的市场提供服务。另一个原因在于，它们建立起了一种密切关注顾客并坚信自己应该不断调整（变化）以满足顾客不断发展的需要的文化，从而维持其竞争优势。实际上，这种文化就是为了适应不断变化的外部环境而设计的。这种对于不断变革采取的开放态度已经成为每个公司价

值观体系中的重要一条。如果没有它，自己的竞争对手每引进一块新硅片，公司都可能会因此而一败涂地。如果公司处在技术、市场等因素均会随时迅速变化的环境，就应该仔细考虑自己的文化。建立一种反应灵敏和适应性强的文化，可能是使真正的适应能力制度化的唯一办法。

当公司表现平庸或表现欠佳时

几年前，当弗兰克·博尔曼（Frank Borman）接任 CEO 时，东方航空公司（Eastern Airlines）在财务上已濒临绝境，并且不断受到内部不满员工的攻击。博尔曼全身心投入到重新树立为公司的将来共同奉献这一精神上，并把它与“顾客服务”这一压倒一切的经营方针联系起来。今天，和大多数航空公司一样，东方航空虽然财务状况依然不佳，但已经成功地巩固了自己的经营业绩，并表现出进一步改善的态势。其他一些处于艰难环境中的公司也应该密切关注自己的文化。

当公司真正成为大型企业（例如在《财富》1 000 强中榜上有名）时

我们认为，公司的特点相当早就已经形成了。例如 IBM 公司，当老托马斯·沃森从管理宝座上退位时，其总销售额才 1 亿美元。今天，它在家用电器、顾客服务、零售业等方面都处于领先地位，但它的企业文化在组织达到目前的规模和竞争力之前早已形成。这一点并不令人诧异，因为强文化会使人们在公司初创时期就朝着大体一致的方向前进，即使当时正式的政策和体系尚未得到发展。但是此后，官僚作风便开始发展并占据上风。此时公司原有的企业文化和价值观经常会受到严重威胁。而且在向大型企业发展的过程中，公司要想生存下来，就需要为了适应新形势而重新塑造文化。所以，许多公司在跨过创业风险的第一步而向稳定和成功迈进时，应该暂停下来，认真审视一下自己的文化，因为它们很可能不再有这样做的机会。

当公司的发展非常迅速时

特别是在高新技术产业中，公司的成长有时会相当快。普莱姆电脑公司（Prime Computer）在不到 5 年时间里，年销售额就超过了 5 亿美元。阿塔利公司（Atari）的销售额在同样的时间里增长到了 10 亿美元，年增长率达到 25％或 30％，这意味着每年有大量的新员工进入公司。这些员工对公司一无所知，除非文化能使他们迅速了解公司。因此，以这种速度发展的公司应该十分关注自己的文化是否有效。

我们认为除此以外的其他各种情况下，都不应该进行大范围的文化变革。

变革的经济成本

一旦变革是必要的，管理者还要面对两个严峻的事实：变革不但耗费时间，而且代价高昂。就像大多数事情都要考虑经济利益一样，对变革的成本进行一些量化分析是有帮助的。为了得到一些在变革方面的硬性经济指标，我们对自己过去几年里进行的 10 个咨询项目进行了分析。这些项目的最终结果都是企业进行了明显的组织与文化方面的变革。然后，我们这样估算变革的总成本：咨询费用加上客户组织中的全职员工进行变革的时间成本。在变革的总成本中，咨询费用只占很小一部分。为了确定员工进行变革的时间成本，我们以每人每月 3 000 美元的标准来计算。最后，我们访谈了参与变革活动的人，让他们评判组织中相关的变革到底在多大程度上得到了实现。

调查的结果甚至让我们自己也大吃一惊。要想达到一个公司变革计划的一半效果，必须花费的用于改变员工行为的资金，其总额相当于年度预算的 5%～10%。实现变革要付出的代价比我们想象的要大得多！换句话说，为了使文化中的人们开始变革，管理层需要每年把自己 5%～10%的时间花在这项工作上。这个结论还让我们发现了有关变革的其他一些现象。

● 管理者提出的变革依据一定要可信，否则，无论这名管理者在变革过程中工作多么努力，也永远不能说服别人进行变革。此外，由于变革的成本大幅上涨，人们对于变革的渴望也会反复无常。

● 许多变革努力最终之所以失败，只不过是因为没有足够的投资。也就是说，试图变革的那些人对于如何变革的想法过于天真，他们付出的努力与应该投入的努力还相差太远。

● 可能有相当一些情况是这样的：对某些事进行变革绝对不是经济的做法。所以在某些情况下，从经济角度来看最有利的办法很可能是：让那些垂死挣扎的部门自行了结。

● 在变革方面即使只有一点点经济学头脑，也有助于你作出要处理哪些文化问题，要绕开哪些文化问题等决策。遗憾的是，我们很少有人认真对待它。

上述观点不过是理论层面的内容。为了使它们更切合实际，让我们来看几个真实生活中的（或者是假设的）案例。

案例 1：施乐公司是否应该投入所需资金，从而在复印机市场上与日本企业决一胜负？施乐公司拥有大约 10 万名员工，我们假设他们的平均年薪为 3 万美元。这样，一项主要的文化变革（例如适应日本人的低成本竞争）的费用大约为 1.5 亿～3 亿美元。由于施乐公司每年的收入是这个数字的两倍以上，这样看来，进行这项投资似乎是明智之举。

案例 2：AT&T 公司应该花多少钱来适应解除管制的新环境？AT&T 公司的规模几乎是施乐公司的 10 倍。因此，对其体系进行文化转变的成本应该是 15 亿～30 亿美元，我们不知道该公司能否花费与这个数目相近的资金从而使组织适应新的环境。

案例 3：美国汽车工业将投资多少从而成为日本汽车的有力竞争对手？我们还是凭经验判断，仅组织成本一项就要 50 亿～100 亿美元。对于所需的资本投资，我们曾听说过类似的数目，但并未看到为了建设一个更具有成本效率的文化，投入了与这个数目差不多的运营成本。恐怕在未来几年里，赤字报告还会在底特律经常出现。

显然，实现文化变革是一件成本巨大的事情。它的成本比大多数人意识到的大得多。它是如此高昂，事实上，这一巨额开销本身就成为变革的一个主要阻力。另一个阻力是重塑文化需要占用相当多的时间。需要实实在在地花上几年时间，才能实现组织文化最基本的变革。

那么，哪些因素会影响到实现变革所用的时间呢？迫切性显然是其中一项因素。在真正危急的关头，人们会理解变革的需要。他们会倾听建议并很快接受。在危急关头可以迅速开展变革，甚至可以在短短的 6～18 个月内完成。影响变革速度的另一个因素是对个体的吸引力，双赢的提案要比那些会伤害到一些人利益的提案更快被接受。影响变革速度的第三个因素是需要进行变革的文化的强度。如果已有的文化多年来一直支持着人们的工作和生活，人们就不会愿意放弃它转而接受一种新文化。在这种情况下，变革可能需要数十年的时间才能成功。

在转到下一个关于变革技巧的问题之前，我们先来总结一下：为了实现真正而持久的文化变革，需要付出的代价并不让人乐观。由于变革需要大量资金并且占用许多时间，因而管理者应该谨慎行事。只有当你确认变革真的必要时，再去考虑这些问题。

管理变革

我们认识的许多管理者都对变革十分担忧，但他们担忧的很少是变革中的文化问题。其结果是，他们试图进行的变革常常没有真正发生。在这种情况下，员工的情绪受到破坏，取而代之的将是愤怒，文件柜里堆满了雄心勃勃的计划但收效甚微。变革的实质是文化的变迁，问题是怎样通过最有效的方法进行变革。

坦白地说，在这一领域我们并不比其他人懂得更多。据我们所知，文化变革迄今为止仍然是一个黑箱。我们能做的只是给那些准备迎接挑战的管理者一些忠告。

集体的凝聚力是让人们接受或愿意变革的重要因素

大多数人在大多数时候，并不是热心的支持者或真正的信仰者；同时，他们也不是强烈的反对者。一般来说，人们之所以拒绝变革，是因为变革扰乱了他们的生活习惯和秩序。但是，能对人们的行为产生重大影响的一个因素是自己与他人的私人关系。分享是归属于某种文化的一个标志。在任何文化中，都很少有人愿意长期独自徘徊于文化之外。因此，基于这种自然而然产生的同伴关系，增强集体的凝聚力，是在组织内部发动变革的主要方法。

在所有与变革有关的问题上（特别是在信息沟通中）传递并强调双向信任

在高度信任的气氛中，沟通效果要好得多。彼此信任的个体之间未必会进行深入的交流，但这并不会成为一个必须克服的障碍。由于信任，他们认为大可不必去仔细推敲对方的说话意图。因此，变革过程中的开放和信任直接影响到是否需要变革以及怎样进行变革。

正是由于这种信任，在组织中由内部人士发起的变革通常要比由局外人发动的变革开展得更快、渗透得更深。例如，通用电气公司的雷金纳德·琼斯（Reginald Jones）一直在公司财务部门工作，在就任 CEO 之前，他曾力主公司不能在三种新产品（电脑、喷气发动机和核反应堆）上同时投资，因为这会威胁到公司的偿付能力，从而将导致灾难。琼斯就任后，把主要精力集中在整顿公司的财务制度上。在他任职期间，公司的财务职能加强了，财务人员声望更高，也更有实权。

琼斯是企业内部人士，一位在财务方面成绩卓著的英雄。正因为是一位内部人士，他能够在一个几十年来一直推崇思想家和创造者的公司里，实现了这种革命性的变革。如果是一个外来者，我们很怀疑他能完成同样的使命。

然而在琼斯退休之后，通用电气公司并没有再提拔另一位财务人员担任 CEO，因为这样做会使公司走向官僚化。相反，公司提拔了一位被认为最具企业家精神的人。我们认为这是一个经过深思熟虑的举动，其目的是重新表明公司赖以生存的价值观的重要性。对许多人来说，杰克·韦尔奇获得提升是一个信号，它标志着通用电气公司仍然是工程师和创业者的公司。与此同时，由于琼斯的努力，公司建立起了一套严格的财务制度，可以保护它在未来免受不必要的威胁。

把变革看做提高技能的过程，并强调培训是变革过程的一部分

即使人们理解并接受一项变革，他们经常并不具备执行新计划所需的技术和能力。这是变革难以成功的一个主要障碍。我们以一个发展迅速的技术公司为例。这家公司发现，其全球销售量的一半都来自 40 家企业。为了保证其继续拥有这些关键客户，公司制定了一个主要客户方案。其理论依据是，负责主要客户的管理者应该“关怀”这 40 家客户，为他们提供特别服务，并满足他们的需要等。

为了完成这一关键任务，公司从员工队伍中提拔了一位出色的销售人员。他从来没有做过分析工作，也没有认真想过为关键客户提供特别服务这件事。作为一名销售人员，他能成功大部分是靠他乐观积极的个性和愿意按照顾客的要求去做的意愿。当然，在承担新任务之前，他也没有受过特殊的训练。

一年之后，这个项目被中止了。虽然公司的总体销售量有所上升，但实际利润下滑。这个销售人员依然用他以前的方式工作，他打电话给每个客户，询问他们需要什么，并运用自己新的行政权力来满足他们的需要。遗憾的是，每个关键用户都要求价格更低廉。于是，这个主要客户的方案实际上就意味着价格上的折扣。如果留心一下这名销售员的背

景，出现这样的结果是完全可以预料到的，但没有人事先能考虑到这一点。更遗憾的是，这个例子并不是独一无二的，而是在试图变革的组织中一次又一次地重复发生。我们希望这个例子能提醒管理者，下一次准备变革时要重视技能的提高和相应的培训。

给变革充分的时间

我们实在不愿意在这一点上喋喋不休，但人们的确需要许多时间才能逐渐适应任何非同一般的变革。其他因素替代不了时间这个因素。试图进行变革的管理者必须考虑到这一点。

鼓励人们采纳变革的基本思想，并把它们应用在自己的现实世界中

我们的最后一个忠告，就是一定要“放权”。以我们的经验，最成功的文化变革是这样发生的：文化中的人们经过成百上千次调整，从而适应与他们的日常生活紧密相连的独特环境。因此，对于一个试图变革的管理者来说，能够做的只有两点：首先，清楚地表达“变革的理念”，即变革的总体思想；其次，变革过程中要让许多人都能参与进来，并给他们充分的机会去理解并适应这些理念。如果对过程进行过度管理以期影响文化变革的速度，几乎注定是不会成功的。

如何进行变革恐怕有成千上万个小技巧，但我们发现以上列出的5种——一致性、双向信任、技能提高、耐心和灵活性——在解决这个难题时常常很有用。

管理者不但要了解文化变革中涉及的问题，还应该知道如何重组旧的文化模式。如何进行这项工作呢？虽然我们谈到了变革过程中的一些小技巧，但是真正抓住本质的方法是什么呢？

首先，管理者应该十分关注文化变革，就像对待其他有优先权的任务一样。要把文化放在日常工作和思想意识中的核心位置，而不能认为它是那类“赶紧处理完了事”的任务。这并不只是一句规劝和忠告，而是从两位托马斯·沃森以及艾尔弗雷德·斯隆的经历中提炼出来的结论，也是我们通过对其他公司的总裁进行观察而得到的结果（这些总裁来自石油公司、电子公司、材料科学公司、工程服务公司以及政府部门，他们都是有效的文化重塑者）。

高层管理者在重新塑造文化时，第一步通常是与自己最亲近的同事谈论文化及其价值观。他们共同探讨价值观及其在公司里的作用、公司当前的价值观，以及如何对它们进行加强、解释或修正。这些谈话为两个目的服务：其一，大家共享的强有力的价值观应该成为员工尤其是高层管理团队的核心理念。通过这些谈话，高层管理者可以在这一点上赢得大家的认同。其二，对长期以来形成的价值观达成一致的理解。高层管理者需要依靠自己周围的中层管理者，通过后者的日常工作把信息传递下去。对高层管理者来说，确保中层管理者理解变革文化的目的至关重要。因此，他们必须花时间与中层管理者谈论文化。同时，这一过程花费的时间本身也是一个信号，它向其他人表明高层管理者进行变革的决心。

接下来，希望重新塑造文化的高层管理者要寻找深入组织的各种途径，以强调文化以及他们选定的价值观的重要性。因此，他们深入到文化网络的各个方面，把大量的时间用于“工作现场”，在组织中与尽可能多的人交谈。此外，不少人还在寻找相对结构化的做法，并把注意力集中在关键价值观上。例如，作为管理程序的“动员大会”，其目的可能是为新客户提供更好的服务，或者降低超额的成本，或者培养更有战略头脑的中层管理者；给那些为关键价值观作出贡献的人员颁发特殊奖励和奖赏，其目的在于公开表示组织的认可，从而激励其他人也这样去做；专门组建一个特别行动小组，负责一项与关键价值观有关的短期项目。

我们承认，这种仅仅列举几条的做法存在一种把塑造文化的管理者能够做以及应该做的工作琐碎化的风险。其实我们想说的是，有创造性的管理者能发现数百种传播信息的方法，而上述方法只是其中几种而已。

对于打算建立和加强价值观的管理团队来说，这样的特殊管理创新已经是迈出了相当大的一步。但是仅仅如此并不够，高层管理者还要在日常行为中表现出他们对核心价值观的重视（实际上，经常要达到近乎痴迷的地步）。当别人说某种东西很重要时，我们只会对它感兴趣；只有当别人真正做了，我们才会信服。值得注意的是，某一次的戏剧化行为（管理生活中很少会这样，也不应该这样）几乎起不到任何作用，它需要高层管理者长期的行为统一。

为了在组织内部建立强文化，管理者应该间接地传播核心价值观，并通过日常行动反复向员工灌输这些内容。价值观决定了公司应该采取什么样的行动。如果核心价值观在组织内部发生冲突，管理者要把这些冲突公开化并加以解决。下面的例子发生在一个有着非常周全的强文化的高科技企业里。

这家公司的一群管理者对生产一种数字手表产生了兴趣。然而，公司一直以来都专门生产高品质产品，并不涉足低成本驱动的市场。但是，成本及成本曲线是手表市场成功的关键。公司中两种主要的价值观之间爆发了冲突：公司重视个体的创新精神，并鼓励员工尝试新思想；但同时，它又坚持追求高端产品，避免进入大众消费品市场。当生产数字手表的兴趣萌发后，大部分员工投票否决了这个想法。但是，CEO 却并未顾及这些，而是支持这个想法。他鼓励这些管理者进入数字手表行业，尽管这一行动最后以失败告终，并耗费了公司大量的资金。

然而，这个公司长期以来强调的核心价值观是，支持有奉献精神的人。在这件事情上，公司得到的东西要比它的财务损失多得多。如果是一位比这名 CEO 更少关心文化而更多关心利润的管理者，会根据公司是否盈利作出决策，并在这一过程中不理睬那些希望尝试新鲜事物的人。这种行为向组织传播的信息是：只有那些拥有盈利能力最强的经营计划的人，而不是那些愿意站起来说“我想尝试一下”的人，才会在公司里出类拔萃。

因此，在变革文化时，管理者要一直警惕他们的常规行为可能会引起的文化的扩散性影响。例如，许多管理者针对重要价值观都会制定问询制度。管理者应该在下属提出建议、发表演讲或讨论工作时，明确告诉他们（以及其他旁听的人）必须达到什么样的标准才能得到赞赏。塑造文化的管理者还开发了一种与奖励制度类似的制定，也就是说，他们积极寻找办法，只要人们在重要价值观上作出一点点贡献，他们就经常而且公开地给予表扬或赞赏。他们寻找各种机会接触组织成员并传递信息，例如利用会议、电话、大厅里的碰面、公文筐里的备忘录等，来强化价值观这个主题。他们会刻意安排自己的工作日程，以使大家看到他们把大量的时间用于与推行的价值观明显有关的事情上。即使在和外界人士打交道时，他们也不放过这个强调价值观的机会。与顾客、投资者、记者交谈的内容往往对组织的内部人士有着很大的影响。这些内容提供了进一步的证据，表明管理层对价值观的承诺是“实实在在的”。

最后，有兴趣变革文化的管理者尤其应该明白自己在塑造工作场所中的仪式时会起到的作用。这些管理者常常致力于通过自己的行为树立起合适的榜样。他们还会毫不掩饰地告诉别人，你的行为已经超过了可以接受的文化界限。不管他们是在决定邀请谁去参加会议，还是在安排一个战略规划的制定过程，抑或是在参加饮水机旁边的自由讨论，这些管理者始终都会关注仪式对文化的影响。

变革：MSWD的案例[①]

变革组织文化是一个艰难、费时而且常常很折磨人的过程，无论是在私营企业还是在公共事业机构，情况都是如此。如果要说有什么区别的话，那么在公共机构中进行这种变革会更困难，因为所有的合法选民（民众、立法机构、工会、员工、特别利益群体）都可能阻碍变革。然而，如果投入足够长的时间和足够多的努力，变革还是能够实现的。从

① 本案例根据作者参加的一个真实的咨询项目改编而来。为了尊重客户的隐私权，我们对姓名、头衔以及其他一些实际情况做了一些改动。

下面的案例中，我们可以看到变革过程中的所有相关支出：时间、金钱以及士气。

MSWD 是一家向美国某个大城市提供基本服务的公共开发商。这是一个公共事业部门，拥有 2 500 名员工，年预算额为 7 500 万美元，并且每年投入 2 亿美元用于基本建设规划。在美国同样类型的公共机构中，MSWD 可以算是元老之一了。

多年来，MSWD 一直很好地完成着委托给它的管理任务。不过，也并不是说在其成就的取得过程中没有任何困难和争议。在 MSWD 的历史上，有时也会发生其高级官员被指控并被最终认定错用了公共基金的事情。

MSWD 面临的第二个问题是任人唯亲，公司的员工和社会公众都有这种看法。多年来，一届又一届的高级官员总是想方设法地把自己喜欢的人安插到 MSWD 有限的人员编制中。

MSWD 面临的第三个问题是官僚风气十分严重。组织理论家亨利·明茨伯格认为，这是一个会影响到所有老组织的问题。平均每份合同需要 72 个人签字，在真正实施之前要花近 9 个月才能走完整个程序。即使一份很小的合同，也要填写足有一英尺厚的表格。

虽然运用了现代化的电脑系统，但 MSWD 至少还有 6 个独立的手工人事记录系统在运行。即使所有这些系统的数据都在手边，仍然没有人能够在任何时间里准确报出在册的员工数。

所有业务都通过有正规格式的备忘录来处理，而不是采用面对面的方式。所有事情都照章行事，如果没有相应的规程，人们绝不敢越雷池半步。这是一个过程型文化走向偏离的经典案例。

除了 20 世纪 70 年代后期暴露出来了一些问题，这种官僚体制在历史上并没有引发严重问题。但是，由于供水用户在不断增加，逐渐超出了系统最初设计的承载能力。此外，根据联邦环境保护局（EPA）制定的有关法规，MSWD 需要更新它的设备。面对这些问题，州环境部长作出决定，“把 MSWD 带向 20 世纪”。他知道，要在现有的这种官僚体制下解决 MSWD 的主要资金支出问题几乎是不可能的。然而他也知道，彻底改变这种死气沉沉的文化也是十分困难的，在没有新的管理人才输入的情况下，这种改变很难完成。不过，他和新上任的总经理肯·迪龙（Ken Dillon，非真实姓名）还是决定迎接这场挑战。

肯·迪龙是变革 MSWD 的关键人物。他 50 多岁，将近退休，接手 MSWD 之前是一个成功的创业者。他擅长把工作从无到有地开展起来。当他把这种工作态度带进 MSWD 职业导向的官僚环境中时，确实给 MSWD 注入了新鲜空气。

为了彻底改变 MSWD 的面貌，在头几个月里迪龙首先是熟悉组织情况。然而，他看到的情况并不乐观。MSWD 极其笨重的上层结构使得迪龙最主要的日常工作就是使组织运转起来。但是，他所作出的大大小小的决策都需要经过一个顾问委员会的审议。只有委员会中大多数人投票赞同，决策方可生效。当然，迪龙也有投票权。

进一步限制他的是这样一个制度：这个高度集权的组织要向一个首席运营官（一名专职的业务型公务员）汇报工作。建立这个制度旨在避免 MSWD 总经理独断专行。但实际情况却是，它意味着迪龙在日常管理中几乎没有权力，因为大家都向这名首席运营官汇报工作，而这位首席运营官又可以越过迪龙直接向他的顶头上级——顾问委员会汇报工作。

用 MSWD 人的话说，这是一片既令人欢欣鼓舞又令人失望沮丧的土地。它最大的问题在于，管理班子的平均年龄达到或超过了 55 岁。大部分员工都是在第二次世界大战后进入组织的，并在这里度过了他们的整个职业生涯。临近退休人员数量的增长以及与之伴随的知识与技能的欠缺，是迪龙要解决的一个严峻的长期问题。从积极的角度来看，绝大多数员工对 MSWD 极其忠诚并有很高的工作积极性。虽然大家都知道这是一个家长制的官僚体系，但他们仍然非常愿意做一个政府公共部门的公务员，他们真心希望 MSWD 运转良好。

迪龙这次变革的目标是，要把 MSWD 从一个反应迟缓、有些官僚的文化转变成为做事主动、积极进取的文化，就像他在原来的公司中所熟悉的那种，也就是说，从一个过程型文化转变成为努力工作/尽情玩乐型文化。

经过 6 个月的研究之后，迪龙觉得已经可以采取行动了。他主要采取了两个步骤来重塑文化：其一，从外界聘请管理顾问，从而在激进的变革过程中补充管理班子的力量；其二，他在一份备忘录里向 MSWD 在编的 2 500 名员工声明，他所实施的变革不会让任何员工被解雇或下岗，他的目标是与 MSWD 的出色员工共同工作，以提高工作效率。第二步在后来的变革过程中被证明是非常重要的，它为将要进行的一些基本变革赢得了时间。

变革过程

由 4 名管理顾问组成的工作团队在前 6 周里主要了解了 MSWD 的情况。在这个阶段临近尾声时召开的一次会议上，工作小组做出了第一项变革行动——成立三个由 MSWD 员工组成的特别行动小组，在大家意见一致的三个领域里与管理顾问共同工作。他们选择的三个领域是：

● 合同处理：所有人都同意，应该做一些工作来加速合同的执行过程。

● 操作与维修：他们不顾首席运营官下面的职能经理们的反对，任命第二个小组来负责操作与维修工作。

● 人事安排：MSWD 所有的管理者都把缺乏人手作为借口和理由，强调无法用其他办法解决问题，不论是什么样的问题。首席运营官认为这些特别任务小组将一事无成。

总共有 25 名专业技术人员或中层管理者被挑选到特别工作小组中进行全职工作，不过这项工作要进行多长时间并不确定。这种方式本身就在组织中引起了令人惊愕的反响。MSWD 的人除了保守，还习惯于执行命令。因此在首次小组会上，这 25 个成员都表示自己将尽职尽责。

与此同时，迪龙召开了为期一周的员工系列会议，分别与首席运营官、职能官员、职能管理者以及他们的助手会谈。他特地没有安排这些人进入特别任务小组，他将亲自上阵，与这些人一起工作。

第一周里，任务小组几乎没做任何工作，成员们还不习惯这种工作方式，他们中的许多人也不太适应这个新角色。但在第二周里，成员们开始在会议上发言了。例如，合同处理小组的工程师承认，他们对于自己设计的工程项目并不受操作人员的欢迎深感失望。但他们也吃惊地了解到，如果工程师们不对自己设计的项目进行指导，当工程师们把很难操作和维修的设备交付使用时，这些操作人员也常常深感苦恼。于是双方达成协议，倡导双方在工程项目上进行进一步沟通。其他任务小组中也出现了类似情况，这出乎所有人的意料。

第三周里，这三个任务小组很努力地工作，试图形成一些建议来处理他们业已达成一致的问题。这些建议在第七周被递交上来，迪龙、其他高级经理以及顾问委员会的成员们都仔细审阅了这些建议。

在等待管理层进行反馈的时间里，任务小组的成员回到各自的工作岗位，按照这些建议开始工作。同时，又有另外六七个人被补充到任务工作组中来。随着时间的推移，每个人看起来都越来越投入地进行着变革。

6周之后，任务小组递交了他们的最终建议（实质上是对原有建议进行了细化）。高级管理层提出了一些意见，并就如何修改进行了讨论。然后，他们把注意力转到了管理顾问提出的如何解决MSWD突出的职责混乱问题及如何分权的建议上。管理顾问建议：（1）不再设首席运营官一职；（2）不再设助理职能管理者一职；（3）建立业务流程（换句话说，就是供水和污水流程）；（4）重组主要职能部门，例如工程部门和环境部门，以便在供水与污水两个部门之间建立起联系的纽带；（5）在规划岗位上新设一个负责人，负责实施新的规划体系；（6）建立一个合同管理办公室，来运作新的项目管理和合同管理体系。经过几番审核后，这一整套建议最终得到签署并生效。

实施变革

一拿到这份签署生效的文件，迪龙就迅速行动起来。他兑现了原先的承诺——组织中没有一个人被解雇。所有人都被安排在新的工作岗位上。公司进行了全面的机构重组，事实上，新的管理队伍已经各就各位。

办公室在一个周一搬了家。第二天，迪龙公布了新的规划制定流程，这一流程要求每个部门的新管理层要像一个团队那样共同工作。

这一规划制定流程参照州预算制定流程而设计，有一个十分紧凑的日程表。供水与污水两个部门夜以继日地紧张工作，终于在最后期限前完成了任务。污水部门的领导因此累得筋疲力尽，他在委员会批准了他的预算报告后，对一位管理顾问说："这是 MSWD 有史以来发生的最好的一件事……也是我经历过的最令人振奋的事。我们永远不会再回到老路上。"

6 个月后，没有人再怀疑 MSWD 发生了重大变化。虽然仍有太多的文件、太多的事情需要照章处理，但这里有了一个得到众人普遍认可的、明确的工作优先次序，一种在确定优先次序时的真正紧迫感，大家也开始有了一种"我们能让事情发生"的心态。迪龙坚信，组织在这种新的模式下再运行一年时间，新文化就会真正形成。

环境部长，也是这一变革的发起人，说这是他作为一个公共部门的管理者，在 25 年间亲眼见到的最大的组织变革。

成功变革的组成

虽然 MSWD 是一个公共事业部门，但经验告诉我们，在其他私营企业里也存在许多类似的事情。要想在现代公司里成功地进行变革，应该遵守 MSWD 案例中展示出的一些规律。其内容如下：

安排一个英雄人物来负责变革过程

迪龙全身心地投入了变革，他带着他的传奇故事和坚定不移的信念，向人们证明变革是必需的。他的远见卓识、坚韧不拔和自我牺牲精神鼓舞了所有 MSWD 人，使他们在变革过程中坚定不移。

认识到来自外界的真正威胁

为了能让意义重大的文化变革顺利展开，你不仅仅需要英雄人物。例如，你需要一个发动变革的恰当理由。身居高位的人们往往会成为变革的牺牲品。企业经营历史上有太多的 CEO 为了公司的生存而大力推行新文化，最终却发现胜利者还是旧文化，而他们自己却成了变革的牺牲品。只有当文化不适应其生存环境时，对文化的变革才是必要的。当然，此时变革的难度也更大。不过，威胁越大，人们对它的了解也就越多，文化成功转型的可能性也就越大。

把仪式的变迁作为变革的关键因素

让大多数人参与变革过程，这是管理者经常听到的一项建议。而做到这一点的最好办法是改变仪式。在变革过程中，人们会摒弃旧有方式，重新协商新的价值观和相互关系，选定新的英雄人物。这样有助于人们了解、接纳和相信新的秩序。从某种意义上说，这一过程本身已成为一种临时的文化，如同一个服丧仪式，它阻止人们再退回到旧有形式或者毫无准备地闯入一个不熟悉的新领域。在 MSWD 的变革过程中，特别行动小组就扮演着这种角色。

在新的价值观和行为范式下提供变革方面的培训

在 MSWD 的变革中，管理系统起着关键作用。规划、合同以及项目管理三项工作作为日常工作的基础，涉及组织中的很多人。在管理过程中常常可以提供很多机会，用来对新价值观、新行为，甚至语言进行培训，使人们顺利地从一种文化转向另一种文化。

引进外界人士

前面我们说过，由忠诚的内部人士发起的变革（迪龙就是这样的例子）要比由外界人士发起的变革更容易成功。然而，外界人士也能扮演有用的角色。在弥补一种文化与另一种文化之间的隔阂时，来自外部的管理顾问经常会起到很大作用。他们帮助你提供避雷针，在变革中平息冲突、化险为夷。他们还提供指引变革方向的灯塔，以及能使变革真正展开的法宝。我们在一年后受邀回 MSWD 调查变革结果。人们都在谈论成功的结果，却把我们冷落一旁。这里的信息是很明显的："是我们改变了它。由于你们曾经帮助过我们，所以请你们来为我们祝福。但胜利是我们的。再见了！"

树立新方向的有形象征

迪龙实施的结构化变革标明了新的方向。作为其严肃认真的象征，这为组织的新方向提供了明确的信息。结构化变革的作用如同路标，它帮助组织中的人们找到自己的道路。人们很少会直接去发动变革。

变革过程中安全感的重要性

引起我们极大关注的是，担心自己的工作会丢掉的顾虑。一个被裁掉的管理者或工人会很快变成旧有方式的烈士或英雄。通过给人们提供工作安全感，迪龙消除了许多可能因工作安全问题而引发的障碍。留住员工（或者收买人心）是成功变革的一个重要组成部分。

有时，变革是必需的，而且未必都是坏事，尽管它几乎总是要冒风险、代价高昂，并且颇费时间。实际上，变革的真正困难在于对文化进行变革。但是，如果管理者对于关键的文化特征，如英雄人物、价值信念、礼仪仪式（如果变革成功，它们必定受到影响）有着敏锐的认识，文化还是可以改变的。

第10章

未来的文化：原子化组织

到这里，我们已经看到了企业文化曾经取得的巨大成功，以及它在今天的重要性。同时在整个过程中，我们还一直强调要对那些曾经使美国企业在全球范围内取得成功的共享价值观、英雄人物、礼仪仪式进行重新投资。不过，在所有组织中建设强文化还有一个更迫切的原因——未来发展的需要。

我们看到，一场即将发生的革命将给美国公司带来深远的影响。从经营环境的迅速变化，到新一代劳动力的成长，再到科学技术的突飞猛进，这一切正在使曾经占统治地位的那种庞大、传统、科层式的组织土崩瓦解。我们认为这些变化将导致组织的高度分权化，企业的一切事务将在小型、自主的工作单元中完成，这些单元会通过新的电信和计算机技术连接成为庞大的公司。这种变化会使我们都成为创业者，而且在这个过程中中间管理层的作用也会发生改变。这种变化的动力是因为人们得到了这样一种机会：可以在相对简单又十分熟悉的环境中完成复杂的任务。我们不必再为获得晋升而处心积虑，耗费大量的时间和精力，因为它们将不复存在。大多数中间管理层的职位将被社会影响机制（通过对文化的强调而实现）取代。我们称之为没有老板的企业，也可以称为原子化组织。强文化的纽带和新型的象征性管理，是有效工作的两个必要因素。

听起来我们像是在展望未来，其实不然。有迹象表明，一场革命可能正在酝酿之中。今天，很多公司正在限制它的工厂和部门的规模，它们正在成为向原子化组织转型的带头人。其他公司也逐渐把企业过户给经理所有人（manager-owner），这种形式正在逐渐取代今天的企业兼并。不过，一场革命即将到来还有一个最明显的迹象：特许经营盛行。在美国，麦当劳、唐恩都乐（Dunkin' Donuts）以及其他 900 个特许经营店正在以一种没有老板的组织形式横扫全国。

为什么会有这些变化？因为公司所处的这个世界正在迅速发生变化，其中最大的变化是对分布处理的运用不断增加。许多公司发现，由小型和微型计算机组成的网络能比集中的大型计算机系统更好地完成信息和通信任务。不少人认为，这种技术将促使更高度的集中，而我们的观点恰恰相反，这是因为：

环境变得更加复杂

对于上一代人来说，生产过程需要由专业化程度很低的各项任务协调完成。但是现在，复杂的专业分工已成必然。例如，哈佛大学目前的专业学科超过了 40 个；大城市报纸的招聘专栏中有多达几百个工作岗位；全球有数千种专业研究杂志在发行，其中半数以上是在近 15 年中出现的。无论从哪个角度来看，世界正变得越来越复杂这一事实是毋庸置疑的。

变革的速度在加快

电子革命大大缩短了产品的生命周期，并带来了一个日益动态的市场。它要求由电子元器件组成的复杂产品的开发周期不断缩短——一个典型的电机产品的开发时间差不多是30个月，而它的电子替代品可以在短短12个月内完成，这是因为对于某种具体应用来说，软件比硬件更容易制造和改进。有这样一个调查数据可以表明产品生命周期的缩短：1981年，市场上55%的微型电脑和80%的通用计算机是最近4年里刚刚投入市场的。

竞争日益激烈并日益全球化

1970年，在政府的严格管制下，美国市场上大约有16家客运航空公司提供服务。今天，虽然尚未完全取消政府管制，但这个数字已经翻了一番。1960年，做汽车销售广告的只有4家大公司。但在今天，这一领域已经有了23个竞争对手，而且美国市场的整整20%都掌握在海外制造商的手里。尽管有1967年美国卫生局局长的那份著名报告，今天的香烟品牌依然有了3倍的增长。

即使在小型消费品及工业市场中，竞争的白热化程度也是令人吃惊的。外国公司在美国市场的占有率在1968—1978年之间几乎翻了一番。其中，外国制造商获得了服装和纺织品市场12%的份额、皮革及皮革制品市场27%的份额、电器和电子设备市场11%的份额、仪器及相关产品市场12%的份额。

对于未来的经营环境来说，这些信息意味着什么呢？它意味着公司需要更快的反应速度，需要减少浪费在官僚问题上的时间，需要鼓励迅速处理信息并及时采取行动，需要更多依靠脑力劳动并发挥知识型部门的积极性。那么，在以知识型员工占主导地位的快速发展的环境中，提高效益和效率的关键又是什么呢？组织理论家们的答案是——小型工作单元。人们在小团队中工作最有效率并且反应最迅速，这主要是因为工作单位中成员的数量增加时，信息交流的复杂性会呈几何级数增加。

劳动力

在现代企业的经营环境发生巨大变化的同时，公司内部也发生了天翻地覆的变化。今后的 20 年里，“婴儿潮”这一代劳动力会继续对生产以及整个社会产生重大影响。随着他们年龄的增长，到 20 世纪 90 年代，将会出现一种抵制专制和权威的趋势。道格拉斯·麦格雷戈（Douglas McGregor）和其他学者在 20 世纪 50 年代总结出了“Y 理论”，认为当人们的自我实现需要和自尊需要得到满足时，将比经济和安全这些基础需要更能激励员工。从此以后，劳动力将越来越受到“Y 理论”的影响。今天的劳动力与他们的前辈相比，具有如下特点。

更加富有

平均家庭收入（即实际收入，以 1978 年币值计算）从 1950 年的 7 000美元增加到了 1980 年的 19 000 美元。也就是说，普通家庭要比

30 年前富裕两倍。

受过更好的教育

1950 年美国大学毕业生有 438 000 人，而到 1978 年这个数字上升到了1 341 000人。工作人口中的 50%受过一定程度的高等教育，而且这个比例在继续增加。

白领

今天，大批员工受聘于“信息部门”。1954 年以来，在经济领域中白领的数量超过了蓝领。而且在白领中，主要的财政投资不是在事务性工作上（2 000 亿美元），而是在专业技术和管理工作上（6 000 亿美元）。

工作更灵活和更少的工作依赖性

如今，更加富有、受过良好教育的员工会抓住生活中的各种机遇。马萨诸塞州波士顿 128 号公路和加利福尼亚州硅谷的那些高科技公司就是一个很好的例证。在这两个地方，人们不断地变换工作、公司和职业。相当一部分人创建了自己的公司，主要是因为他们希望拥有自主性——成为自己的老板。有一些人，例如吉恩·阿姆达尔（Gene Amdahl），已经是这种运动的第三代人了，促使他们作出这种行动的不是经济利益，而是来自自我实现的心理驱动力。我们相信这种内驱力——虽然少了戏剧性却不影响其真实性——在未来的组织设计中将会得到认可和重视。

精通电子产品

1961 年，美国人每天平均花 2 小时 17 分钟看电视。到了 1978 年，这个数字增加到了 3 小时 8 分钟。这种增长的背后反映了电子产品在传播娱乐和信息方面具有的强大吸引力。

更引人注目的是，程序设计员的队伍不断壮大，基本计算机知识不断得到普及。1960 年，美国仅有很少一部分电脑程序员。但到 1980 年，这个数字增加到 270 000 人，并且在一些州，例如明尼苏达州，定期讲授电脑程序知识是中小学课程中的一部分。在教育机构中，为教学目的（而不是行政管理或研究目的）而配备的电脑所占的比例，从 1975 年的 27%增加到了今天的 50%以上。

这一切对未来的劳动大军来说意味着什么？这说明，这类劳动力在不断壮大，而且不久将成为工作中的主力军，他们比自己的前辈更熟悉也更适应电子产品。组织的设计者不再需要依赖于中间管理层把自己与员工联系起来，很自然的做法是建立通信网络，以适应世界潮流的发展。明天的组织设计者可以考虑（也是有史以来第一次可以这样做）大规模地运用计算机与通信技术，那么他们可以利用哪些呢？

技术变革

组织内外的变革并未跟上近年来技术进步的步伐。“第三次浪潮”的革命流传甚远，但它对于企业经营的意义刚刚被人们认识到。你只要看看电脑价格的变化就可以了解这个令人兴奋的变革过程。今天 3 000 美元的苹果电脑所具有的功能与 15 或 20 年前一台数百万美元的 IBM 电脑相差无几。电脑行业喜欢说这样一句话：如果汽车的生产效率能和电脑相媲美，你现在用 2.89 美元就可以买到一辆劳斯莱斯了，并且用一加仑汽油就可以跑 2 000 000 英里。

微型电脑的应用已经十分广泛，这一点不足为奇：血液分析仪、复印机、程控电话、计算器、照相机、微波炉、电视机、手表、计量仪——事实上它已经无处不在。因此，较短的产品生命周期给竞争带来了很大好处。另外，基于标准集成电路和定制软件而设计的产品，在很多传统工业中几乎取代了规模经济。

电脑越来越简单易用且价格便宜，其结果是，通用型电脑的数量继续以成倍的速度增长。实际上，有着 IBM 内装基础的电脑在未来两年里的产量有望达到过去 16 年的产量之和。

不过，或许最关键的发展还是在电子通信方面。例如，对于 1 000 英里以上距离的通信，新的卫星系统要比贝尔系统更便宜。而且贝尔系统也已经大幅降低了成本（自 1960 年以来已降低了 42%），目前 3 分钟的洲际国际电话只需 1.35 美元。与快递邮件相比，电子邮件可以节省 2/3 的发送费用，而节省的整个文件准备和分送的费用就更多了。同时，电脑技术与通信技术正相结合，办公室正朝着未来的综合性方向发展。

我们往往会忘记事物的发展速度究竟有多快：有些事在 1981 年时还只是一个设想，而到了 1982 年就会成为现实。所有这些以前都属于未来学中描绘的东西（虽然可能在 1975 年才刚刚提出），但在今天，这一切都已呈现在你的眼前。

所有这些对于未来的全技术化办公室意味着什么呢？来自环境和员工两方面的变化会促使公司向小型化和灵活性的方向发展。复杂的技术所提供的沟通能力为通向井然有序的小型工作环境铺平了道路，避免了发生混乱的可能性。

简而言之，我们正处于这种巨变的初期阶段，这个变化还会在很长一段时间里影响到社会及企业。

未来的组织

基于上述变化，未来的组织将包括下列组成要素：

- 以任务为核心的小型工作单元（最多 10～20 人）；
- 每一个组织都在经济和管理上掌握着自己的命运；
- 通过可靠的电脑和通信网络互相连接，从而交织成为更大的工作实体；
- 通过强文化的聚合力，联合成为更大的公司。

与当前的企业架构相比，为了强调这种未来的组织在基本单位上的小型规模以及灵活性，我们把它称为原子化组织。而且这种分裂出来的“原子”并不是盲目混乱地运动着的，它们通过电信设备互相联结从而构成了分子，再通过共享的文化纽带（它界定了公司的未来是什么）联合成一个实力雄厚的公司。这就是我们对未来组织的定义。

小型工作单元

为了使生产率达到最佳水平，最恰当的群体规模应该是多大？是否应该像原始狩猎人群那样在 10～20 人之间？是否应该像一些管理者坚信的那样，要把规模限制在小组成员之间彼此能够知道对方的亲切称呼的范围内？假如他们是知识型员工，是否应该像许多研究人员认为的那样，把人数限制在 60～75 人之间？这里虽然没有明确的答案，但有一种现象越来越明显，即不经济的规模（常常指的是官僚主义行为）会比多几百人更令人无法忍受。

此外，在技术和组织因素上还有许多交叉影响的情况。例如，有效地生产汽车实际上需要多少人？随着高度机器人化的工厂的出现，未来的汽车生产可能实际上只需要很少的人。技术发展的趋势使我们可以推测，20 世纪 90 年代的组织规模将远远小于今天的组织规模。我们预测到 2000 年，组织设计的规范标准（可以是工厂、分公司、部门或自主企业）将是人数不超过 100 人。这些工作单元可以进一步联合成为更大的实体，被人们称为政府部门、公司、研究所等。当然，它们之间的联合将会采用新的形式。

随着规模庞大的优势迅速消失，小型化实体将能更好地发掘员工的人力资本。正如在远古时代，更小、更快、更灵巧的哺乳动物能够把庞大的恐龙淘汰一样，小型企业也将在竞争中把大企业排挤出去。

这种新型的组织结构之所以更有效，原因在于以下四个方面：

● 无数研究表明，当人们能够掌握或者人们认为能够掌握自己的命运时，他们就会更富有效率。在原子化组织中，销售人员之所以加入到他们的工作单元中，是因为他们想这样做。他们的报酬会直接与业绩挂钩。

● 在后工业化时代，组织中的同伴压力被认为是唯一强有力的激励因素，而这正是小型工作单元中最主要的控制机制。

● 在小型工作单元中更容易建立强文化。这些工作单元会紧密结合起来，以取得更高的效率和效益。

● 通过电脑和通信网络使每个工作单元结合起来构成一个公司的费

用，将比今天的组织通过中间管理层建立起联系的费用更加低廉。

小（即半自治的小型团体）就是美，因为它最大限度地满足了个体的需要和企业的要求。

人们为什么需要原子化组织？

原子化组织给那些感到在传统企业结构中受到限制的人提供了新的机会。为什么这样说呢？《经济学人》杂志的一位编辑诺尔曼·麦克雷（Norman McCrae）作过如下阐述：

> 在这个提倡人们大胆尝试、勇于探索的新时期，富裕的国家将不能再仅仅依赖那些碰巧能够或愿意以自己的家庭稳定性作为赌注进行冒险的企业家。同时，创业也不再仅仅意味着有足够的耐心、能够白手起家、从新企业需要的最底层做起。现在的目标应该是为普通老百姓提供比工业革命初期更多的能成为企业巨头的机会。
>
> 根据这一机制，每一个有进取心的企业都应该界定工作的构成模块，然后针对企业员工采取“招标”方式确定那些能比现有官僚式管理更有效也更愉快地完成这一任务“模块”的人。有时可能会是一个人单独投标，有时也可能会是由企业里几个朋友组成的小组投标。
>
> 在一些“激进”的企业中，投标人会说明他希望使用多少公司的现有服务（如生产、营销等）；如果经营成功，当企业被转让给他人时，他应享有多少决策权。这些“激进”企业中的投标者是那

> 些愿意拿自己的稳定性去冒险的员工。实际上，如果项目失败，他们只能勉强维持生计，甚至多年以后才能还清企业的贷款。而在“保守”的企业中，投标者更多来自公司的合作者或高层管理者，他们希望在从事这项工作时，能够得到与现有薪水等值的收入，尽管这样做他们得到的分红会相对少一些（引自《经济学人》，1976年12月25日）。

我们认为，麦克雷关于未来的创业型组织的设想与我们所说的原子化组织是一致的，只有一点不同，那就是虽然麦克雷是一个自由市场经济的坚定支持者，但他似乎在创业型单元与母公司之间的经济纽带上表现得比较随意。而我们在这一点上更讲求实际。随着受过高等教育的有文化的劳动力的数量不断增长，在未来，雇主不与雇员分享劳动果实是不可能的。因此，我们相信母公司与工作单元之间的经济纽带将是一个平等分享契约，即根据工作单元在增值方面的贡献，共同分享契约中所规定的利益。“特许经营”企业正在朝这个方向发展。不过我们认为，在实施这种原子化组织的过程中需要克服的一个最大障碍是，加强金融手段以促进这些步骤的实施。要想在诸如128号公路这样的技术中心地区，建立一套资本市场和工具来鼓励乃至促进母公司回收子公司的股本，几乎是做不到的。更好的办法是鼓励企业找到一些长期性的附属机构（但必须是以自由的、完全分权化的方式存在），从而利用那些尚未开发的人力资本中的才智和才干进行资本化转变，并刺激创业精神。这些机制会被那些逐步带领我们走向原子化组织的机构发现并进一步完善。可以这样说，原子化组织会让人们拥有创业精神，并能让人们自己掌握创业过程。而人们自我控制的驱动力则会加速这一运动的发展。从更大的方面说，它给社会带来的效益是那些得到解放的人的创造才智和创业精神得到了充分释放。

原子化组织体现了与以往相比劳动力在需要和价值观方面的巨大差异，它比以前那个令人窒息的组织前进了一大步。心理学家赫兹伯格不久前曾用一个表格来描述劳动力的需要及价值观。为了说明我们的观点，我们在他的表格上又增加了第四栏（见表 10－1）。

表 10－1　　劳动力的需要及价值观

组织人时代（20 世纪 50 年代）	内部移民时代（20 世纪 60 年代）	困惑的一代（20 世纪 70 年代）	有限创业者时代（20 世纪 90 年代）
创建系统	在系统的辅助部分中生活	受控于企业集团及跨国的“组织人”系统	在更大的企业结构内创建自己的“无老板”体系
企业神话流传	看到了企业神话的缺陷	对企业神话感到迷惑	相信公司神话，但同时并不丧失个体的身份感
榜样是办公室的附属品	榜样是思想家	对榜样感到迷惑	在自己的小工作群体中树立榜样，或效仿其他小组的榜样
追求权力及特权	暗中追求特权	感觉到被欺骗	感到自己的权力和特权在扩大
在工作上花费时间只是为了“看上去不错”	把时间花在抗议上	花时间去追求特殊兴趣	平衡花费在工作与娱乐上的时间
工作被认为与效率有关	工作被认为与社会组织有关	工作被认为与技术、组织和社会间接有关	工作关系到个人意义，并为社会增加价值
眼界狭隘的本职工作方面的专家	缺乏胜任的能力	陈旧的天才	最大限度地发挥自己的才干

续前表

组织人时代（20 世纪 50 年代）	内部移民时代（20 世纪 60 年代）	困惑的一代（20 世纪 70 年代）	有限创业者时代（20 世纪 90 年代）
要求有各方面的经验	要求事后的帮助	要求接受继续教育	在继续教育与工作现场学习之间寻找平衡
在恐怖的工厂和办公室里受到社会创伤	在家庭和所有的社会机构中受到心理创伤	由于失去了周边环境而受到有关存在的创伤	通过把工作中的仪式和典礼延伸到个人生活中，抚慰存在的创伤
工作的核心意义是事业	工作的核心意义是个人的重要性	工作的核心意义是安全感	工作的核心意义是拥有丰富多彩的生活
生活价值观受到大众的指引（无个人价值观）	生活价值观是一种试图认清一切的努力	对生活价值观感到迷惑（游离于传统之外）	生活价值观建立在传统、信念和个人需要之间的紧张状态上
不宣扬	宣扬集体主义但实际上实行个人主义	对宣扬感到迷惑	偶尔的宣扬是重要的仪式和典礼
在公司成长时处处留心债务问题	债务导向	困惑导向	意义导向
未来导向	当前导向	时间混乱	以过去及将来作为指南的现在导向
没有过错	投射的（隐含的）怨言	犹豫不定的抱怨	承担过错
公众情感的表达：抽象	公众情感的表达：具体	公众情感的表达：玩世不恭	基于现实的乐观精神
组织道德与个人伦理相混淆	组织道德与个人伦理界限分明	组织道德与个人伦理相混淆	组织道德来自共享价值观
相信组织中“一人至上”	相信平等可以自动获得	相信不公平的存在	相信平等是可以争取到的
相信组织中开放的等级制度	相信参与性组织	对组织失去信任	在整个组织存在信任——对原子化组织有着强烈的忠诚
相信要为雇主服务	相信要为社会公正服务	不再相信服务	相信要服务于社会和企业

中层管理者的变迁

在未来的企业文化中，有一部分人的角色将会发生显著变化。今天中间管理层之所以存在，在很大程度上是为了将高级管理层的指示传达给基层员工。这是他们的主要职能之一，而且是一个费力不讨好的工作：如果传达了信息，会受到下面人的谴责；如果没有传达这些信息，又会受到上面人的谴责。中间管理层在今天的组织生活中成为大部分不满意的聚焦点。为了使自己的存在合理化，他们也制定了一些仪式和程序，而遵守这些常常是有争议的规则，则会使理性和现代管理技术（即使它们很难在企业中有效运行）的神话永远流传下去。中间管理层常常会成为提高生产率的障碍，因为他们扮演的角色“过滤”掉了基层员工的劳动热情、想法建议和创造精神。中间管理层是 20 世纪组织生活的产物。幸运的是，对我们大部分人来说这种形式已经过时，至少从当前形势来看如此。

未来的管理者将要面对一套与原子化组织的实际需要相适应的全新角色。首先，管理者将把处于半自主性工作单元中的员工组织起来，并与他们谈判以确定恰当的利益分配机制；其次，由于员工在日常事务中的发言权越来越大，管理者将会成为经纪人——平衡员工与公司双方的合法利益；最后，管理者作为公司的代表，将会致力于使工作单元意识到自己是整个集体的一员并为此而自豪。可见，管理者将不仅是文化的传承者，而且是文化的促进者。如果没有他们来扮演文化联系者的角色，原子化组织将很难产生经济效益。

新技术的作用

今天大型企业之所以存在，是因为复杂的工作任务需要众人通力协作。未来在计算机和通信设施的辅助下，企业能够直接联系个人，在任何时间、任何地点都可以与对方取得联系。宽带技术（包括有线电视）将为资料、文件、图表、声音，甚至影像的传播大开方便之门。这些连接方式不仅能使员工互相联系起来，而且能使他们与外界主要的数据库和服务设施联系起来。

即将出现的系统将会比目前书面的备忘录以及表格体系有效得多，甚至会比我们现在广泛运用的人工联系的办法更加有效，因为中间管理层常常会因为自己的喜好而使信息发生偏差。

让我们以一个在销售现场工作的仪器销售员为例。现在他在一个分支机构工作，他要向他的销售经理汇报工作，销售经理要向分支机构的经理汇报工作，分支机构经理要向地区经理汇报工作，地区经理要向全国销售经理汇报工作，全国销售经理要向负责市场的副总经理汇报工作等。在这里，为了确保以下两件事的完成，中间管理层的链条必不可少：（1）该销售人员能很好地完成工作，也就是说，他能理清账目，作好产品广告，赢得产品订单等。（2）高级管理层作出的有关战略上的（如新产品）、战术上的（如定价）及业务上的（如库存量）决策能得以准确传达。这一链条花费高、速度慢，而且常常不准确。要想保证该组织能有效运转，必须建立详尽的官僚化程序和各种关系，而这又导致“把事情办好”变得相当困难。

在原子化组织中，这样的销售人员会在一个小型单元中工作（也许只是一个分销处），他们根据实际销量超过与公司事先商定的定额的数量来提取佣金、获得报酬。如果他们想弄清某一个新产品的具体情况，只要打开录像机或闭路电视就可以知道这个新产品的一切特性；如果他们想知道什么时候能把设备交付给顾客，只要进入库存系统就可以了解情况，并提取他们需要的机器；如果他们想了解公司替换零件的新政策，就可以上网点开公司政策委员会的电视记录，听听新任 CEO 对新政策必要性的详细阐述。当然，这些工作都是一些例行任务，因为这些销售员从小学开始就使用电脑和电视设备了。

如果他们销售的是新产品又该怎么办呢？今天，花 18 个月时间就能够收集、分析和传播市场反馈的信息，并把这些信息用以调整产品和作出该产品是否有必要大批量生产的最终决策。我们相信将来他们遇到类似的情境时，会和其他销售人员共同参与这一决策，并通过电子通信设施进行对话。由于他们过去的市场经验已经得到了记录和保存，因此在面对类似情境时，他们几乎能立刻作出回答。今天的技术已经具备了这样的条件，即可以比以往提前 12 个月作出有关市场战略的调整方案，并标明主要的财务数据。

然而，关键的问题还在于，我们要有在明天实现这个雄心抱负的信念。我们常听人们谈到“未来的办公室”和“后工业化社会”。虽然近几年来科学技术取得了巨大发展，但今天的许多观察家仍对这些未来主义的概念持怀疑态度，这主要是因为他们未能在自己的工作生活中感受到这些技术的作用。

只有当各种网络和系统的存在能够帮助人们更好地工作时，原子化组织所带来的自由度和自主权才能体现出来。研究表明，目前生产力的大幅提高一般都是靠大量增加各级管理人员和专业人员来实现的。因此，组织系统的设计者必须把主要精力从工业自动化中转移出来，用于为管理人员和专业人员建立有效的电脑支持系统。

这些网络和服务的发展绝不是一个小问题，它需要对管理人员和专业人员实际想做的事有一个基本的理解。一些严谨的研究者，如明茨伯格，正在着手研究这项难题。但是，如果电脑专业人员也开始注意此项研究，并将注意力集中在寻找正确的应用方法时，他们可能会进一步发现，这些网络和服务设施的开发要比今天人们所承担的效率导向的复杂任务更加简单方便。

组织革命的早期迹象

哪些迹象可以表明新的组织形式正在出现呢？我们看到了一些线索，其中比较明显的来自特许经营机构的发展。特许经营作为一种经营手段并不是新鲜事物，其基本概念也很简单。零售导向的企业通过以下几种方式来扩大它的市场覆盖面：

● 把一个销售地区或行政地区的专有权卖给那些拥有（不管是象征性地拥有还是真正拥有）特许经营权的个体创业者。

● 有效地提供必要的核心服务，如广告、采购、质量控制，给特许经营权所有者提供支持帮助。

● 给予特许经营者基本权利和必要支持后，作为回报，授权人也会获得一笔酬金。一般说来，为了确保大家都为共同的目标努力，酬金一般设定为销售额的一定比例。因而，外围创业者（特许经营者）的经济命运就与这个核心企业的经济命运密切交织在一起，如果一方工作失败，各方都会因此受损。

这个简单的概念最初由豪生、麦当劳、汉堡王（Burger King）等食品零售商付诸实践。

如今，特许经营概念已迅速扩展到其他领域，如迈达斯消声器公司(Midas Mufflers)、轮胎中心（Tire Center)、21 世纪房地产公司(Century 21 Real Estate）等。特许经营已变成一种被广泛采用的经营方式。目前，美国国内有476 000家特许经营店，在海外就更多了，大约有 900 家公司正在采取特许经营方式发展业务。事实表明，特许经营正在加速发展，金融服务机构、旅行社、软件开发机构、教育服务机构，甚至一些与技术相关的产品开发（如仪表仪器配件）等领域，虽然尚未触及特许经营，但发展的时机已经成熟。很明显，特许经营是一种在这个社会里满足了某些基本的经济和社会需求的经营方式。特许经营就是一种未来文化的缩影，它体现了原子化组织的特点。

特许经营为向新的组织形式发展的革命提供了最明显的证据，不过我们还可以看到第二种类型。如果说 20 世纪 60 年代是企业大联合的 10 年，那么 20 世纪 80 年代则可能被认为是企业分裂的 10 年。《纽约时报》最近有一篇文章专门关注了温切斯特武器公司（Winchester Arms Company）与其母公司奥林公司（Olin Corporation）分裂的案例，该公司现在由一个管理者雇主小组运作。文章指出，这类交易的数量正在迅速增加，已经接近 100 起。对我们来说，分裂出来的企业是一种不完全的原子化组织，更有远见的母公司会依然在这些脱离的实体中持有股份，无论这些实体获得了怎样的经济成功都会与母公司共享。

最后，第三个证据是子公司抽资脱离的现象。在许多相对现代化的领域里，如电子、仪器、软件、生物技术等，相当数量的有学识但财力不足的人完全有能力接管公司并生产新一代的产品。为了获得经济利益，借助于当今资本市场运行的一种新模式，他们离开使自己获得了知识的母公司，并筹资建立一个新的高科技公司。这种做法在波士顿128号公路和加利福尼亚州的硅谷十分盛行。对生物技术新领域的一项调查表明，美国各地已有146个从母公司中独立出来的公司活跃在市场上。

我们认为，这些抽离出来的公司是原子化组织的另一形式。如果今天的资本市场没有迫使创业者独立出来，这些公司将会继续与母公司保持联系。我们相信，原子化组织能够通过经济效益将这些组织联系在一起，各个部分都会因为这种持续的联系而获利。

我们周围的所有迹象都表明，原子化组织已经步入企业界。这些迹象将随着时间的推移越来越明显，但最明显的还是在强文化企业中。

未来组织中的文化

极其分权的原子化组织所处的世界是四处分散且仓促忙乱的，因此，拥有那些能把独立的工作单元联结在一起的“胶水”是绝对必要的，文化在这里的作用将会比它在今天企业界中的作用更加重要。如果没有强有力的文化作为联结纽带，原子化的工作单元就会像离心飞机一样四处分散。明天企业界的赢家将会是这样一些英雄：他们能塑造价值信念和仪式庆典，并且拥有一个由说书人和牧师构成的文化网络，这种文化网络在半自治的工作单元中能够有效运作，从而使组织作为一个整体被人们认同。

管理者们在寻找榜样时应该放开眼界，因为今天尚没有范例或理论能够对如何管理原子化组织进行指导。我们需要新的模式。不过，我们这里有三个不同的例子，也许能对你有些帮助。

第一个模式是从麦当劳这个被公认的特许经营之王身上发现的。麦当劳凭借着其强有力的文化统治着快餐业的特许经营权。这种文化简直就是个谜，它把四处分散的特许经营者紧密地团结在一起。这一文化的核心信仰是“质量、服务、便利、价值”（QSOV），麦当劳不断地向管理人员和工作人员的头脑中灌输这条口号。特许经营者在汉堡包大学学到了这些文化。在那里，有一个范围比特许经营业中其他项目更广泛的培训项目，即新来者要学习麦当劳的整个企业文化。

一旦特许经营店建立起来，麦当劳就会通过检查以及一系列的竞赛，不断地强化它的文化。公司通过这些竞赛选出哪一家特许经营店在达到麦当劳的标准方面最成功。公司用各种仪式来表彰最成功的特许经营店。特许经营店之间的区域性联系也能使它们对母公司的价值观保持足够的了解。

在这种文化的顶端，高坐着一位显赫的英雄——雷·克罗克（Ray Kroc）。当然，还有许多其他英雄：本月最佳服务员、年度最佳特许经营店，还有蛋挞创始人——一家特许经营店。各类英雄人物组合起来使得这一文化生机勃勃而且强壮有力。

第二种管理模式是美国林务局。正如赫伯特·考夫曼（Herbert Kaufman）在其重要的却鲜有人知的著作《护林员》（*The Forest Ranger*）中描述的那样，美国林务局十分与众不同，它的分支机构遍布全国各地，而且经常是在边远地区，这使得常规的监督管理十分困难。它可以作为原子化组织名单上的一个优秀候选人，它能把各个部分很好地联合起来（并用了较少的正式管理努力），而且它比许多规模不足其一半的组织做得还要好。护林员们都独立行动，但他们的服务宗旨是一致的。他们是“驾驭自己的人”，不过在大多数环境中他们处理问题的准确性与有领导在场监督时完全没有差异。护林员中几乎没有任何的丑闻或者告密者出现，尽管在实际生活中存在这两种可能性，也没有发生过蓄意破坏或故意迎合当地特殊利益集团的问题。为什么会这样呢？许多原因与麦当劳的相同：能够在其特许经营者中树立一种共同的精神：共同的价值观——服务、决策时考虑对环境的长远影响，共同的象征——制服和“护林熊”徽章，教育——有一个反复灌输组织价值观和宗旨的培训项目，还有工作仪式——一套对各种问题进行报告和回应的特定程序。虽然在美国林务局中形成了这种有力联合的原因很复杂，但我们相信，文化是其中的一项关键因素。

第三个管理模式来自一种世界上最古老又最稳定的机构——罗马天主教会。它历经兴衰，却始终在世界各国和教区中保持着强大的凝聚力。

罗马天主教会是如何在长达几个世纪里保持其影响地位的呢？它不靠战略规划体系，也不靠一层又一层的中间管理层，而是靠它创造出来的最强、最持久的文化。这是一个饱含各种仪式和庆典的文化：来自西斯廷教堂烟囱里的白色香雾、在小讲台上主教的祈祷声、弥撒以及其他各种宗教仪式，规范着全世界数百万人的行为方式。它拥有一个充满了英雄人物、传奇、神话、烈士、传教士、圣徒、一个为自由而战的波兰教皇以及让人们在日常生活中效仿的各路英雄的文化。无论你是否同意，它最终在一套寓意深刻的价值信念（对其追随者来说）上建立起了文化。

几个世纪以来，天主教会依靠文化管理的杠杆，成功地管理着分散在各处教区的原子化组织。我们相信，将来最成功的企业也会和过去最成功的组织一样，它们会做同样的事情。

天主教会之所以成为重要的模式，还有另外一个原因：不仅是因为它建立了一种团结教友和教区的文化，而且因为它提供了超越国界的信念和意义，并提供一些有价值的东西作为对人们努力的回报。除此之外，天主教堂在一些方面与IBM、玫琳凯、麦当劳、北极星计划、美国林务局以及其他无数成功的组织是一样的，所有这些组织都具有某些相同的虔诚意义。这些组织都是人的机构，并且都抓住了许多一直被现代经营者视为柔性而模糊的表达生活意义方面的东西，如灵魂、精神、神秘、心灵、气质、宗旨、传说（准备这本书的过程中，我们在阅读传记以及理论性参考文献时反复接触到这些词汇）。我们相信，在企业面对生产、竞争、民心这些现代的两难处境时，这些思想会提供重要的参考。无论是对传统结构的组织还是原子化的新生组织，我们都认为建立强企业文化是其今后 10 年的一项基本任务。

总之，未来属于拥有强文化的企业。强文化不仅能对环境作出反应，而且能适应形形色色的、变化着的环境。当艰难时期来临时，这些企业可以深入到其共享的价值观和信念中寻求真理和勇气，以使自己渡过难关。当新的挑战出现时，它们能调整自己迎接挑战。这正是在开始经历一场现代组织结构的革命时，企业必须去做的事情。

参考文献

Allison, Graham T. *Essence of Decision: Explaining the Cuban Missile Crisis*. Boston: Little-Brown, 1971.

Allport, Gordon W. and Leo Postman. *The Psychology of Rumor*. New York: Holt, 1947.

Allyn, S. C. *My Half Century at NCR*, New York: McGraw-Hill, 1967.

Argyris, Chris. *Interpersonal Competence and Organizational Effectiveness*. Homewood, Ill. The Dorsey Press, 1962.

Arnold, T. W. *The Folklore of Capitalism*. New Haven: Yale University Press, 1937.

Arnold, Thurman. *The Symbols of Government*. New York: Harcourt, Brace, & World, 1962.

Ash, Mary Kay. *Mary Kay*. New York: Harper & Row, 1981.

Baldridge, J. Victor and Terrence E. Deal. *Managing Change in Educational Organizations*. Berkeley: McCutcheon and Company, 1975.

Bardach, Eugene. *The Implementation Game*. Cambridge: MIT Press, 1977.

Barnard, Chester I. *The Functions of the Executive*. Cambridge: Harvard University Press, 1938.

Barnard, Chester I. *Organization and Management: Selected Papers*. Cambridge: Harvard University Press, 1962.

Bateson, Gregory. "A Theory of Play and Phantasy." *In Steps To An Ecology of Mind*. New York: Ballantine Books, 1972.

Belden, Thomas and Marva Belden. *The Life of Thomas J. Watson: The Lengthening Shadow*. Boston: Little-Brown, 1962.

Bell, Daniel. *The Coming of Post-Industrial Society: A Venture in Social Forecasting*. New York: Basic Books, 1976.

Bell, Daniel. In *Computer Age: A Twenty Year Retrospective*. Ed. Michael L. Dertouzos and Joel Moses. Cambridge: MIT Press, 1979.

Bender, Marylin. *At the Top*. New York: Doubleday, 1975.

Bendix, Reinhard. *Work and Authority in Industry: Ideologies of Management in the Course of Industrialization*. Berkeley: University of California Press, 1974.

Bennis, W. "A Funny Thing Happened to Me on the Way To the Future." *American Psychologist*, 25 (July 1970), pp. 595-608.

Bettleheim, Bruno. "A Pocketful of Magic." Chapter 1 in *The Uses of Enchantment*. New York: Vintage, 1977.

Blau, Peter and W. Richard Scott. *Formal Organizations*. San Francisco: Chandler, 1962.

Blum, Albert A. "Collective Bargaining—Ritual or Reality." *Harvard Business Review*, 39, No. 6 (November-December 1961), pp. 63-69.

Blumer, Herbert. *Symbolic Interaction: Perspective and Method*. Englewood Cliffs, N. J.: Prentice-Hall, 1969.

Boas, Max and Steve Chain. *Big Mac: Unauthorized Story of McDonalds*. New York: New American Library, 1977.

Boulding, Kenneth. "In Praise of Inefficiency." *AGB Reports*, 20, No. 1 (January 1978).

Boulton, David. *The Grease Machine*. New York: Harper & Row, 1978.

Bower, Marvin. *The Will To Manage*. New York: McGraw-Hill, 1966.

Bralove, Mary, "Ma Bell's Orphans." *The Wall Street Journal*, 26 January 1982.

Broderick, John. *Forty Years With GE*. New York: Fort Orange, 1929.

Brown, Wilfred. *Exploration in Management*. New York: Wiley, 1960.

Burke, Kenneth. *A Grammar of Motives*. New York: Prentice-Hall, 1945.

Burke, Kenneth. *Permanence and Change: An Anatomy of Purpose*. 2nd edition. Los Altos: Hermes, 1964.

Campbell, Joseph. *Hero With a Thousand Faces*. New York: Pantheon Books, 1949.

Campbell, Joseph. *Myths to Live By*. New York: Bantam Books, 1973.

Caulam, Robert F. *Illusions of Choice*. Princeton, N. J. : Princeton University Press, 1977.

Chandler, Alfred, Jr. , and Stephen Salsbury, *Pierre S. duPont and the Making of the Modern Corporation*. New York: Harper & Row, 1971.

Chase, G. "Implementing a Human Services Program: How Hard Will It Be?" *Public Policy*, 27 (Fall 1979).

Clark, Burton. "The Organizational Saga in Higher Education." In J. Victor Baldridge and Terrence E. Deal, *Managing Change in Educational Organizations*. Berkeley: McCutcheon and Company, 1975.

Cleverly, Graham. *Managers and Magic*. London: Longman Group Limited, 1971.

Cohen, Michael D. , James G. March and Johann P. Olsen. "A Garbage Can Model of Organizational Choice." *Administrative Science Quarterly*, 1972, pp. 1-25.

Cohen, Michael and James March. "Leadership in an Organized Anarchy." Chapter 9 in *Leadership and Ambiguity*. New York: McGrawHill, 1974.

Cohen, Michael D. , James G. March and Johann P. Olsen. "People, Problems and the Ambiguity of Relevance." In *Ambiguity and Choice in Organization*. Oslo, Norway: Universitetsfonlaget, 1976.

Cohen, P. S. "Theories of Myth." *Man*, 14, No. 3 (1969), pp. 337-353.

Cole, M. and S. Schribner. *Culture and Thought*. New York: Wiley, 1974.

Collins, Liza. "The Entrepreneur as Manager." Interview with Lore Harp. *Harvard Business Review*, 59, No. 4 (July-August 1981).

Colvin, Geoffrey, "The De-Geneening of ITT." *Fortune*, 11 January 1982. p. 34.

Cooney, Joan Ganz. "A Woman in the Boardroom." *Harvard Business Review* 56, No. 1 (January-February 1978), pp. 77-86.

Cunningham, Frank. *Sky Master: The Story of Donald Douglas*. Philadelphia: Dorrance, 1943.

Dalton, Melville. *Men Who Manage*. New York: Wiley, 1959.

Dandridge, Thomas Charles. *Symbols At Work: The Types and Functions of Symbols in Selected Organizations*. UCLA Dissertation, 1976.

D'Aprix, Roger. *The Believable Corporation*. New York: Amacom, 1977.

Davidson, H. Justin. "The Top of the World is Flat." *Harvard Business Review*, 55, No. 2 (March-April 1977).

De Mare, George. *Corporate Lives*. New York: Van Nostrand, 1976.

Dearden, John. "MIS is a Mirage." *Harvard Business Review*, 50 (January-February 1972), pp. 90-99.

Dittmer, Lowell. "Political Culture—Political Symbolism: Toward a Theoretical Synthesis." *World Politics*, 29 (July 1977), pp. 552-583.

"Dr. Land Redesigns His Camera Company." *Business Week*, 15 April 1972, pp. 70-74.

Dowling, John, and Jeffrey Pfeifer. "Organizational Legitimacy: Social Values and Organizational Behavior." *Pacific Sociological Review*, 18, No. i (January 1975), pp. 122-136.

Drucker, Peter F. *Concept of Corporation*. New York: John Day, 1972, pp. 60-65.

Edelman, Murray, *The Symbolic Uses of Politics*. Champaign, Ill. University of Illinois Press, 1964.

Edelman, Murray, *Political Language: Words That Succeed and Policies That Fail*. New York: Academic Press, 1977.

Edelman, Murray, "Political Leadership." Chapter 4 in *The Symbolic Uses of Politics*. Champaign, Ill.: University of Illinois Press, 1977.

Edelman, Murray, *Politics As Symbolic Action*. Chicago: Markham, 1971.

Eliade, Mircea. *Myth and Reality*. New York: Harper & Row, 1963.

Eliade, Mircea. *Rites and Symbols of Initiation*. Trans. Willard R. Trask. New York: Harper & Brothers, 1958.

"Encore At 3M." *Financial World*, 20 October 1980.

Enderud, Harold. "The Perceptions of Power." *Ambiguity and Choice in Organization*. Oslo, Norway: Universitetsfonlaget, 1976.

Engel, P. H. "The Rubinstein Religion." *Across the Board* (Conference Board Newsletter), October 1977, pp. 79 - 82.

Etizioni, Amitai. *Modern Organizations*. New Jersey: Prentice - Hall, 1964.

Evans, Charles. *The Micromillenium*. New York: Viking, 1980.

Everett, Martin. "Ma Bell Goes National." *SEMM*, March 1979, pp. 37 - 38.

Feldman, Martha S. and James G. March. "Information in Organizations as Signal and Symbol." Unpublished paper, Stanford University, n. d.

Ford, Julian. *Paradigms and Fairy Tales*. Vol. I and II. London: Routledge & Kegan Paul, 1975.

Foy, N. *The Sun Never Sets on IBM*. New York: Morrow, 1975.

Freud, Sigmund. *Totem and Taboo*. Trans. A. A. Brill. New York: Random House, 1946.

Freund, James. *Anatomy ora Merger*. New York: Law Journal Press, 1975.

Floden, R. E. and S. S. Weiner. "Rationality to Ritual—Multiple Roles of Evaluation in Governmental Processes." *Policy Science*, 9, No. 1 (1978), pp. 9 - 18.

Friedman, J. and B. Hudson. "Knowledge and Action: A Guide to Planning Theory." *Journal of the American Institute of Planners*, 40, No. 1 (January 1974).

Geertz, Clifford. "Deep Play: Notes on the Balinese Cockfight." *Daedalus*, Winter 1972, pp. 1 - 37.

Ginzberg, Eli & Alice Yohalem. *Corporate Lib*. Baltimore: Johns Hopkins University Press, 1973.

Ginzberg, Eli and Ewing Reilley. *Effecting Change In Large Organizations*. New York: Columbia University Press, 1957.

Gluckman, Max. *The Rituals of Social Relations*. Manchester, England: Manchester University Press, 1962.

Goffman, Erving. *Interaction Ritual*. New York: Doubleday, 1967.

Goffman, Erving. "Keys and Keying." *Frame Analysis: An Essay on the Organization of Experience*. Cambridge: Harvard University Press, 1974.

Goffman, Erving. *Relations in Public*. New York: Basic Books, 1971.

Goffman, Erving. "The Arts of Impression Management." Chapter 6 in *The Presentation of Self in Everyday Life*. New York: Doubleday. 1975.

Goode, William J. *The Celebration of Heroes*. Berkeley: University of California Press, 1978.

Goodman P., and A. Friedman. "An Explanation of Adam's Theory of Inequality." *Administrative Science Quarterly*, 16 (1971), pp. 271 - 288.

Gordon, William J. J. "Play and Irrelevance." *Synectics*. New York: Harper, 1961.

Gray, Edward. *Chrome Colossus: GM and Its Times*. New York: McGrawHill, 1980.

Gustin, Lawrence R. *Billy Durant, Creator of General Motors*. Grand Rapids, Mich.: Eerdsman, 1973, pp. 67-96.

Hall, Edward T. *The Hidden Dimension*. New York: Doubleday, 1966.

Hall, Edward T. *The Silent Language*. New York: Anchor Books, 1973.

Hall, Edward T. *Beyond Culture*. New York: Anchor, 1976.

Hansot, Elizabeth. "Some Functions of Humor in Organizations." Unpublished paper, Kenyon College, n. d.

Hardy, Charles. *Understanding Organizations*. New York: Penguin Books, 1976.

Harrigan, Betty Lehan. *Games Mother Never Taught You*. New York: Rawson, 1977.

Harrison, Roger. "Understanding Your Organization's Character." *Harvard Business Review*, 50 (May-June 1972), pp. 119-128.

Hennig, Margaret & Anne Jardim. *The Managerial Woman*. New York: Doubleday, 1977.

Herzberg, Fred. "Leadership in a Period of Psychological Depression." *Industry Week*, 15 September 1980, pp. 54-58.

Hirsch, Paul M. "Organizational Effectiveness and the Institutional Environment." *Administrative Science Quarterly*, 20, No. 3 (1975).

Hirsch, P. "Ambushes, Shortouts, and Knights of the Round Table: The Language of Corporate Takeovers." Paper presented at the Academy of Management Meetings. Detroit, 1980.

Hirschman, Albert O. *Exit, Voice, and Loyalty*. Cambridge: Harvard University Press, 1970.

Hooker, Richard. *Aetna Life Insurance Co.* : *Its First Hundred Years*. Hartford: Aetna Life Ins. Co., 1956.

"An Interview with Dr. Edwin Land." *Forbes*, 1 June 1975, pp. 48 - 50.

Jay, Anthony. *Corporation Man*. New York: Random House, 1971.

Jessup, Claudia and Genie Chips. *Supergirls*. New York: Harper & Row, 1972.

Johnson, R. and R. Lynch. *The Sales Strategy of Patterson of NCR*. The Dartnell Corp. 1932.

Jung, Carl G. *Man and His Symbols*. New York: Dell Publishing Company, 1964.

Kaufman, Herbert. *The Forest Ranger*: *A Study in Administrative Behavior*. Baltimore: Johns Hopkins University Press, 1960.

Kearns, Doris. *Lyndon Johnson and the American Dream*. New York: Harper & Row, 1976, pp. 121 - 125, 241 - 242.

Kellogg, C. W. *Samuel Ferguson*: *The Man and His Works*. Hartford: Hartford Electric Light Company, 1951.

Kennedy, Allan A. "Ruminations on Change: The Incredible Value of Human Beings in Getting Things Done." *Exchange*: *The Organizational Behavior Teaching Journal*, Spring 1981.

Kennedy, Allan A. "One Perspective on the Consulting Process (or, Does Anyone Know What's Going On Out There)." *Exchange*: *The Organizational Behavior Teaching Journal*, Summer 1979.

Koestler, A. *The Act of Creation*. London: Pan Books, 1975.

Kraar, Louis, "General Electric's Very Personal Merger." *Fortune*, 55, No. 2 (August 1977), p. 190.

Kuhn, Thomas S. *The Structure of Scientific Revolutions*. 2nd Edition. Chicago: University of Chicago Press, 1970.

Lief, Alfred. *It Floats*. New York: Rinehart & Company, 1958.

Lawrence, Paul and Jay Lorsch. *Organizations and Environment*. Cambridge: Harvard University Press, 1967.

Leavitt, Harold. "Beyond the Analytical Manager: Part II." In *California Management Review*, Summer 1975.

Leifer, Richard. "The Social Construction of Reality and The Evolution of Mythology as Means for Understanding Organizational Control Processes." Unpublished manuscript, University of Massachusetts, n. d.

Lewis, David L. *The Public Image of Henry Ford*. Detroit: Wayne State University Press, 1976.

Lindblom, Charles. "Strategies for Decision Making." *Decision Making in a Democracy*. Champaign, Ill. : University of Illinois Bulletin, 1971, pp. 3-22.

Lipsky, M. *Street Level Bureaucracy: Dilemmas of the Individual In Public Services*. New York: Russell Sage Foundation, 1980.

Loth, David. *Swope of GE*. New York: Simon & Schuster, 1958.

Louis, Meryl Reis. "A Cultural Perspective on Organizations." Monthly unpublished paper. Naval Post Graduate School, 1980.

Louis, Meryl. "Organizations as Culture Bearing Milieux." *Organizational Symbolism*. Ed. Pondy, Louis, et al. Chicago: University of Chicago Press, 1980.

Louis, Meryl. "Surprise and Sense Making: What Newcomers Experience in Entering Unfamiliar Organizational Settings." *Administrative Science Quarterly*, 25 (June 1980), pp. 226-251.

Lynch, Edith. *The Executive Suite Feminine Style*. New York: Amacom, 1973.

McCleery, R. H. *Policy Change in Prison Management*. East Lansing: Michigan State University Press, 1957.

McDonald, John. *The Game of Business*. New York: Doubleday, 1975.

McGregor, Douglas. *The Human Side of Enterprise*. New York: McGrawHill,

1960.

McKenney, James L. and Peter G. W. Keen. "How Managers' Minds Work." *Harvard Business Review*, 52 (May-June 1974), pp. 79-90.

MacRae, Norman. "The Coming Entrepreneurial Revolution: A Survey." *Economist*, 261 (25 December 1976), pp. 41-44, 53-58, 60-65.

"Making Room for Some Free Spirits." *Fortune*, 86, No. 2 (August 1972), p. 33.

Manning, Peter K. "Metaphors of the Field: Varieties of Organizational Discourse." *Administrative Science Quarterly*, 24 (1979), pp. 660-671.

Manning, Peter K. *Police Work: The Social Organization of Policing*. Cambridge: MIT Press, 1979.

March, James G. and Johann E Olsen. *Ambiguity and Choice in Organizations*. Oslo, Norway: Universitetsfonlaget, 1979.

March, James "Bounded Rationality, Ambiguity, and the Engineering of Choice." *Bell Journal of Economies*. 9 (1978), pp. 587-608.

March, James G. "Executive Decision-Making: Some Implications for Executive Compensation." Unpublished paper, Stanford University, 1980.

March, James G. "How We Talk and How We Act." Unpublished paper, Stanford University, 1980.

March, James G. and Johan P. Olsen. *Ambiguity and Choice in Organizations*. Bergen: Universitetsfornlaget, 1976.

March, James and J. Olsen. "The Technology of Foolishness." *Ambiguity and Choice*. Oslo, Norway: Universitetsfonlaget, 1976.

March, James and H. Simon. *Organizations*. New York: Wiley, 1958.

Margulies, Walter. "Make the Most of Your Corporate Identity." *Harvard Business Review*, 55 (July-August 1977), p. 184.

Martin, Jo Anne. "Stories and Scripts in Organizational Settings. " Research Report 543, Stanford University School of Business, July 1980.

Martin, Jo Anne and Melanie E. Powers. "Truth or Corporate Propoganda—The Value of A Good War Story. " Research paper 564, Stanford University School of Business.

Maslow, Abraham H. *Eupsychian Management: A Journal*. Homewood, Ill. : Irwin, 1965.

Mason, Richard O. and Ian I. Mitroff. A Program for Research on Management Information Systems. *Management Science*, 19, No. 5 (1973), pp. 475 - 487.

"Mastering Diversity at GE. " *Dun's Review*, 112, No. 6 (December 1978), p. 30.

Mead, George Herbert. *Mind, Self, and Society*. Chicago: University of Chicago Press, 1962.

Merelman, Richard. "Learning and Legitimacy. " *American Political Science Review*, 60 (September 1966), pp. 548 - 561.

Merton, Robert K. "The Unanticipated Consequences of Purposive Social Action. " *American Sociological Review*, 1 (December 1936), pp. 894 - 904.

Meyer, Marshall, et. al. *Environments and Organizations*. San Francisco: Jossey-Bass, 1978.

Meyer, Marshall. "Organizational Structure as Signaling. " *Pacific Sociological Review*, 22, No. 4 (January 1979), pp. 481 - 500.

Meyor, John and Brian Rowan. "Institutionalized Organizations—Formal Structure as Myth and Ceremony. " *American Journal of Sociology*, 1977.

Meyor, John W. , W. Richard Scott, and Terrence E. Deal. "Institutional and Technical Sources of Organizational Structure. " In Herbert D. Stein, *Organizations and Human Services: Cross-Disciplinary Perspectives*. Philadelphia: Temple University Press, 1981.

Mintzberg, Henry. *The Nature of Managerial Work*. New York: Harper & Row, 1973.

Mintzberg, Henry. "Planning on the Left Side and Managing on the Right Side." *Harvard Business Review*, 54 (July-August 1976), p. 154.

Mintzberg, Henry. "The Managers Job: Folklore and Fact." *Harvard Business Review*, 53 (July-August, 1975), p. 187.

Mintzberg, Henry. "The Myth of MIS." *California Management Review*. 15 (1972), pp. 92 - 97.

Mintzberg, H. D., and Theoret A. Raisinghani. "The Structure of Unstructured Decision Process." *Administrative Science Quarterly*, 21 (June 1976), pp. 246 - 275.

Mintzberg, Henry. *The Structuring of Organizations: A Synthesis of the Research*, Englewood Cliffs, N. J. : Prentice-Hall, 1979.

Mitroff, Ian and Ralph H. Kilman. "Stories Managers Tell: A New Tool for Organizational Problem Solving." *Management Review*, July 1975, pp. 18 - 28.

Montgomery. M R. "The Marketing Magic of L. L. Bean." *Boston Globe Magazine*, 27 December 1981, p. 13.

Moore, Sally Falk and Barbara G. Myerhoff. *Secular Ritual*. Assen, Netherlands: Van Gorcun, 1977.

Moore, Wilbert, "Some Social Functions of Ignorance." *American Sociological Review* 14 (December 1949), pp. 787 - 795.

Morgan, Gareth. "Paradigms, Metaphors, and Puzzle-Solving in Organizational Theory." *Administrative Science Quarterly*, 25 (December 1980), pp. 605 - 622.

Morris, William T. "Intuition and Relevance." *Management Science*, 2 (1967), B-157 - 165.

Moss, Mitchell L., ed. *Telecommunications and Productivity: Proceedings of a Conference*. Reading, Mass. Addison-Wesley, 1981.

Murphy, Jerome T. *Getting the Facts*. California: Goodyear Publishing Co., 1980.

Myerhoff, Barbara. "The Revolution as Trip: Symbol and Paradox." *Annals of the American Academy of Political and Social Sciences*. 395 (May 1971), pp. 105 - 116.

"Nemesis at ITT." *Management Today*, July 1981, pp. 46 ff.

Neustadt, Richard. *Presidential Power*. New York: Wiley 1960.

Nevins, Allan and Frank Ernest Hill. *Ford: Decline and Rebirth 1933 - 1962.* New York: Scribner's, 1963.

"The New Sears." *Business Week*, 16 November 1981, pp. 140 - 146.

Nystrom, Paul C. "Rummaging Through Organizations' Garbage Cans." *Contemporary Psychology*, 22 (September 1977), pp. 643 - 645.

OAC Digest. Proceedings of the Office Automation Conferences. 23 - 25 March 1981. Houston, Texas: American Federation of Information Processing Societies, 1981.

Ogilvie, David. *Confessions of an Advertising Man*. New York: Atheneum, 1963.

Olsen, Johann. "Local Budgeting—Decision Making or Ritual Act?" *Scandanavian Political Studies*. 5 (1970).

Olshaker, Mark. *The Instant Image*. Briarcliff Manor, N. Y.: Stein & Day, 1978.

O'Neill, Dennis. *A Whale of a Territory: The Story of Bill O'Neill*. New York: McGraw-Hill, 1966.

Ortony. A. *Metaphor and Thought*. Cambridge, England: Cambridge University Press, 1979.

Ortner, Sherry B. "Is Female to Male as Nature is to Culture?" In Rosoldo Michelle, et al. *Woman, Culture and Society*. Stanford, Calif.: Stanford University Press, 1974.

Ortner, Sherry. "On Key Symbols." *American Anthropologist*, 75 (October 1973), pp. 1338 – 1346.

Ouchi, William G. *Theory Z*. Reading, Mass.: Addison-Wesley, 1981.

Our Story So Far: Notes from the First 75 Years of 3M Company. St. Paul, Minn.: Public Relations Department, 3M Company, 1977.

"Out for a 'Helluva Good Time'." *Fortune*, 12 January 1981, p. 15.

Parisi, Anthony J. "Management: GE's Search for Synergy." *The New York Times*. 16 April 1978.

Pascale, Richard. *3 Chief Executives: How Style Affects Results*. Stanford, Calif.: Stanford University, 1977.

Perrow, Charles. "The Institutional School." *Complex Organizations*. New York: Scott, Foresman, 1979.

Peters, Thomas J. "Doing The Little Things Well." *Efficiencies, Effectiveness, Productivity*, September 1980.

Peters, Thomas J. "Leadership: Sad Facts and Silver Linings." *Harvard Business Review*, 57, No. 6 (November-December 1979).

Peters, Thomas J. "Management Systems: The Language of Organizational Character and Competence." *Organizational Dynamics*, Summer 1980.

Peters, Thomas J. "Putting Excellence Into Management." *Business Week*, 21 July 1980.

Peters, Thomas J. "Symbols, Patterns and Settings: An Optimistic Case for Getting Things Done." *Organizational Dynamics*, Autumn 1979, first appeared as "Change Tools for Chief Executives" in *The McKinsey Quarterly*, (Autumn 1978).

Peterson, Richard A. and David G. Bergen "Entrepreneurship in Organizations." *Administrative Science Quarterly*, 16, No. 1 (March 1971).

Pettigrew, Andrew M. "On Studying Organizational Cultures." *Administrative*

Science Quarterly, 22, No. 4 (December 1979).

Pettigrew, Andrew M. "The Creations of Organizational Cultures." Paper presented to the joint Eiasm-Dansk Management Center Research Seminar on Entrepreneurs and the Process of Institution Building, Copenhagen, 18 - 20 May, 1976.

Pettigrew, Andrew M. *The Politics of Organizational Decision Making*. London: Tavistock, 1973.

Pettigrew, Andrew M. "On Studying Organizational Culture." *Administrative Science Quarterly*, 24 (December 1979), pp. 570 - 581.

Pfeifer, Jeffrey and Gerald R. Salanich. "Organizational Decision Making as a Political Process." *Administrtive Science Quarterly*, 19 (1974), pp. 135 - 151.

"Polaroid: Turning Away from Land's One Product Strategy." *Business Week*, 2 March 1981, pp. 108 - 112.

Powell, Horace B. *W. Kellogg: A Biography*. Englewood Cliffs, N. J.: Prentice-Hall, 1956.

Powell, Horace B. *The Original Has This Signature—W K. Kellogg*. Englewood Cliffs, N. J.: Prentice-Hall, 1956.

Purcell, Theodore V. "How GE Measures Managers in Fair Employment." *Harvard Business Review*, 51, No. 6 (November-December 1974).

Putman, John J. "Napoleon." *National Geographic*, February 1982, p. 161.

Ramson, Stewart, Bob Hinings and Royston Greenwood. "The Structuring of Organizational Structures." *Administrative Science Quarterly*, 25 (March 1980), pp. 1 - 17.

Rowe, A. J. "The Myth of the Rational Decision Maker." *International Management*, August 1974.

Roy, Robert. *The Cultures of Management*. Baltimore: Johns Hopkins University Press, 1970.

Sampson, Anthony. *The Arms Bazaar*. New York: Viking, 1977.

Sampson, Anthony. *The Sovereign State of ITT*. Briarcliff Manor, N. Y.: Stein & Day, 1980, pp. 95 - 97.

Sapolsky, Harvey M. "PERT and the Myth of Managerial Effectiveness." In *The Polaris Systems Development*. Cambridge: Harvard University Press, 1972.

Schatzman, L. and Anselm Strauss. *Field Research: Strategies For a Natural Sociology*. Englewood Cliffs, N. J.: Prentice-Hall, 1974.

Schein, E. "On Organizational Culture." Research paper, MIT Sloan School of Management, June 1981.

Schisgall, Oscar. *Eyes on Tomorrow*. New York: Doubleday/Ferguson, 1981.

Schon, Donald A. "Generative Metaphor & Social Policy." In *Metphaor and Thought*. Ed. A. Oroney. Cambridge, England: Cambridge University Press, 1979.

Schwartz, Howard & Davis, M. Stanley. "Matching Corporate Culture and Business Strategy" *Organizational Dynamics*, Summer 1981.

Selznick, Philip. *TVA and the Grass Roots*. Berkeley: University of California Press, 1949.

Selznick, Philip. "Conclusion." *Leadership in Administration*. New York: Harper & Row, 1957.

Shakin, Bernard. "Bet on People." *Barron's*, 14 August 1978, pp. 4 - 5.

Shea, James (as told to Charles Mercer). *It's All in the Game*. New York: Putnam, 1960.

Shlein, John. "Santa Claus: The Myth In America." *Etc: A Review of General Semantics*, 16, No. 4 (Summer 1959), pp. 389 - 400.

Shook, Robert L. *Ten Greatest Salespersons*, New York: Harper & Row, 1978.

Silverzweig, Stan and Robert E Allen. "Changing the Corporate Culture." *Sloan Management Review*, 17, No. 3 (Spring 1976), pp. 33 - 49.

Sloan, Alfred. *My Years With GM*. New York: Doubleday, 1964.

Smith Lee. "The Lures and Limits." *Fortune*, 20 October 1980.

Spradley, James P. *Participant Observation*. New York: Holt, Rinehart and Winston, 1980.

Spradley, James P. and Brenda J. Mann. *The Cocktail Waitress: Woman's Work in a Man's World*. New York: Wiley, 1975.

Staw, Barry M. and Gerald M. Salancik, eds. *New Directions in Organizational Behavior*. Chicago: St. Clair Press, 1977.

Stead, Bette Ann. *Women in Management*. Englewood Cliffs, N. J.: Prentice-Hall, 1978.

Strassmann, Paul. "Managing the Costs of Information." *Harvard Business Review*, 54, No. 5 (September-October 1976), p. 133.

Swanson, E. Burton. "System Heroes." *General Systems*. 19 (1974).

Talese, Gay. *The Kingdom and the Power*. New York: World, 1969.

Taylor, Thayer C. "Can Ma Bell End It's Marketing Hang-up?" *SPMM*, May 1978, pp. 49 - 56.

Tannenbaum, Robert, I. K. Weschler and E Massarik. *Leadership and Organization: A Behavioral Science Approach*. New York: McGraw-Hill, 1961.

Thompson, J. *Organizations in Action*. New York: McGraw-Hill, 1967.

Toffler, Alvin. *The Third Wave*. New York: Morrow, 1980.

Trice, Harrison, James Belasco and Joseph A. Lutto. "The Role of Ceremonials in Organizational Behavior." *Industrial and Labor Relations Review*, 23 (1969), pp. 40 - 51.

Tsaklang, A. A. "Organization Chart—Managerial Myth." *SAM Advanced Management Journal*. 38, No. 2 (1973), pp. 53 - 57.

"Tupperware Shares Updart." *Business Week*, 5 May 1975, p. 64.

Turner, Victor. *The Ritual Process: Structure and Anti Structure*. Ithaca,

N. Y. : Cornell University Press, 1969.

Uhlig, Ronald P. , David J. Father and James H. Bair. *The Office of the Future: Communication and Computers*. Amsterdam, N. Y. : North-Holland, 1979.

Van Buren, Paul. *The Edges of Language*. New York: Macmillan, 1972.

Vancil, Richard F. *Decentralization: Ambiguity By Design*. Homewood, Ill. : Dow Jones-Irwin, 1978.

Warner, W. Lloyd. *The Living and the Dead: A Study of the Symbolic Life of Americans*. New Haven: Yale University Press, 1959.

Warwick, Donald P. *A Theory of Public Bureaucracy: Politics, Personality, and Organization in the State Department*. Cambridge: Harvard University Press, 1978.

Waterman, Robert H. Jr. et al. "Structure in Not Organization." *Business Horizons*, June 1980.

Webb, Eugene et. al. *Unobtrusive Measures: Non-Reactive Research in the Social Sciences*.

Weick, Karl. "Educational Organizations as Loosely Coupled Systems." *Administrative Science Quarterly*, 21 (March 1976).

Weick, Karl. "On Repunctuating the Problem of Organizational Effectiveness." Unpublished Manuscript, Cornell University, n. d.

Weick, Karl. "The Spines of Leadership." *Leadership: Where Else Do We Go?* Durham, N. C. : Duke University Press, 1978.

Weinshall, T. D. *Culture and Management*. London: Penguin, 1977.

Weissberg, Robert. "Political Efficacy and Political Illusion." *Journal of Politics*, 37, No. 2 (May 1975), pp. 469 - 487.

Welser, Max. *Theory of Social and Economic Organizations*. New York: Macmillan, 1947.

Westerland, Gunnar and Sven-Erick Sjostrand. *Organizational Myths*. New

York: Harper & Row, 1978.

"What Makes Tandem Run." *Business Week*, 14 July 1980, p. 73.

Whitehead, Alfred North. *Symbolism: Its Meaning and Effect*. New York: Macmillan, 1927.

Wilkins, A. and J. Martin. *Organizational Legends*. Research paper. Graduate School of Business, Stanford University, 1979.

Wright, Patrick. *On A Clear Day You Can See General Motors*. Grosse Point, Mich.: Wright Enterprises, 1979.

Zald, Mayer N. and Patricia Denton. "From Evangelism to General Service: The Transformation of the YMCA." *Administrative Science Quarterly*, 8 (September 1963), pp. 214 - 234.

Zald, Mayer N. "Politics and Symbols: A Review Article." *Sociological Quarterly*, 7 (Winter 1966).

CORPORATE CULTURES: The Rites and Rituals of Corporate Life

by Terrence E. Deal and Allan A. Kennedy

Published by arrangement with Perseus Publishing, a subsidiary of Perseus Books L. L. C.

图书在版编目（CIP）数据

企业文化 /（美）特伦斯·迪尔等著；李原，孙健敏译．-- 北京：中国人民大学出版社，2020.5

ISBN 978-7-300-27112-5

Ⅰ.①企… Ⅱ.①特… ②李… ③孙… Ⅲ.①企业文化 Ⅳ.①F272-05

中国版本图书馆 CIP 数据核字（2019）第 262757 号

企业文化

——企业生活中的礼仪与仪式

［美］特伦斯·迪尔 著
［美］艾伦·肯尼迪

李 原 孙健敏 译

Qiye Wenhua

出版发行	中国人民大学出版社		
社　　址	北京中关村大街 31 号	**邮政编码**	100080
电　　话	010－62511242（总编室）		010－62511770（质管部）
	010－82501766（邮购部）		010－62514148（门市部）
	010－62511173（发行公司）		010－62515275（盗版举报）
网　　址	http://www.crup.com.cn		
经　　销	新华书店		
印　　刷	北京联兴盛业印刷股份有限公司		
规　　格	160 mm×230 mm　16 开本	**版　　次**	2020 年 5 月第 1 版
印　　张	16.5 插页 2	**印　　次**	2025 年 8 月第 5 次印刷
字　　数	199 000	**定　　价**	59.00 元